ハチドリ舎のつくりかた

安彦恵里香

地平社

まえがき

みなさん、こんにちは。ソーシャルブックカフェ「ハチドリ舎」店主の安彦恵里香と申します。

ハチドリ舎は広島の平和記念公園から徒歩3分の場所にあるカフェで、月に約30本、ほぼ毎晩、社会課題を取り扱ったイベントを開いています。

ソーシャルブックカフェという言葉はわたしがつくった造語です。後から気づいたことですが、「ソーシャルブックカフェ」でキーワード検索をするとハチドリ舎しか出てきません。

〝ソーシャル〟という言葉を使ったのは、お店をつくるときのコンセプトが「まじめなことを話しても引かれない場所がつくりたい」だったから。

まじめなことというのは、社会で起きている様々な問題。政治、ジェンダー、差別、基地問題、日米安保、原発、核問題、紛争・戦争、医療・福祉……。そうしたソーシャルイシュー(社会課題)に対して、自分ができることを考えたり、動いたり、知識を得たり、対話をしたりすることでアップデートする必要があると思っているから。

けれど、特に日本はそういったことを話しづらい雰囲気があって。社会課題について語ろうとすると「すごいね」とか「えらいね」「重い」と言われて、距離を取られてしまったりします。いちばん傷つくのは「めんどくさい」。そう言われて悲しい想いをしたことがあって……。でも「いやいや、それでもやっぱり話していかないと、社会はアップデートしていかないでしょう！」と思ったんです。

もうこうなったら、まじめなことばっかりしゃべる場所をつくってしまおう！——ここはそんなふうに逆張りでつくった場所です。なんならもう「まじめで何が悪い？」くらいの（笑）。

なので本は社会課題を知るための導入となるものしか置いてないし、映画も社会派なものしか上映していません。

出しているフードやドリンクは地産地消やオーガニック。リターナブル瓶、ステンレスストローを使っていたり、食器はなるべく手づくりしています。お店にあるコタツも手づくりだし、一人掛けの椅子9脚はわたしが木工教室に通ってつくりました。

そうしたのは、ガンジーパイセン（先輩）の考え方に共鳴したからです。

マハトマ・ガンジーはインドの人々が栽培した綿花を宗主国のイギリスにタダ同然で

持って行かれ、服になったものを買うという貧しさのスパイラルに陥っている現状に疑問を感じ、「昔のように自分たちの手で綿花から糸を、糸から布を、そして服をつくろう」「食べ物も自分たちでつくろう」と提唱しました。さらには禁止されていた塩づくりも、自分たちの手に取り戻そうとしました。イギリス軍にひどい暴力を受けても対抗せず、海まで386km歩いたのが「塩の行進」です。

これらの行動が、隷従的になっていたインドの人たちの心に「自分たちのことは自分たちでできる！」という自立心を植えつけ、その希望がインド独立を導いたとされています。

ひるがえって現代日本では、ほとんどのものを自分たちの手でつくることなく、買うという形で済ませています。その結果、お金が何よりも重要な価値をもつようになり、お金を生み出せるかどうかが人間の価値であるかのようになっています。それは裏を返すと「お金を生み出さない人間は生きる価値がない」という価値観の上に立つ社会です。

「お金よりも命が優先される社会のほうがいい。つくる力を取り戻せば、生きる力になるんじゃないか？」

そんな想いから、ハチドリ舎ではなるべくいろんなものを手づくりしています。

ハチドリ舎の営業時間は、基本的に月火がお休みで、それ以外の平日は15時00分～18時30分がカフェ利用のみ、夜はイベントを開催。土日祝日と毎月6日、16日、26日の『6』

のつく日」は、11時00分オープンでランチができます。広島原爆忌の8月6日にちなんで『6』のつく日」は被爆者の方とお話できる特別な日にしています。

イベントで大切にしていることの一つは課題の当事者と「直接出会うこと」。「モノクロに感じる過去の出来事」や「テレビのなかの困っている人」ではなくて、「目の前にいる〇〇さん」として出会うことで、事件や課題が現実に起きたこと、実際に起きていることだと実感し、自分とのつながりをもてるようになるからです。

そんなふうにカフェを運営してきて7年と4カ月。お店を続けてきたことで、こういう場がちゃんと商売として成り立つというメッセージになっていることがうれしいし、ありがたいことに「ハチドリ舎が存続していること自体が勇気になっている」という声もいただきます。

同時に「うちの近所にもこんな場所があったらいいのに！」という声もたくさん聞きます。こういう場所が日本全国、いや世界中に増えれば、わたしが望む「誰もが命も権利も奪われずに、その人らしく生きられる社会」が実現する力になるんじゃないかと思っています。なのでぜひ、あなたもこうした場所をつくってください！　ノウハウはいくらでも教えますから、いつでも質問してくださいね！

——以上の内容は、ハチドリ舎のイベントを始める前に、わたしがお客さんに必ず説明しているオープニングトークの要約です。この内容を本書で詳しくお伝えできることがとってもうれしいです。

●

ブックカフェを営みながら言うのもなんですが、わたしは本を読むのが不得意です。もしかしたら、あなたも同じかもしれません。

だから、この本はどこから読んでもなんとなくわかるつくりにしました。順番に読まなくてもいいし、興味のあるページから読んでもらってＯＫ！

内容は「ＷＨＡＴ？」「ＨＯＷ？」「ＷＨＹ？」の３部門に分かれています。

●「ＷＨＡＴ？」はハチドリ舎の概要やどんなイベントをやっているかについて、
●「ＨＯＷ？」はお店のつくり方やイベントの立ち上げ方、運営の仕方について、
●「ＷＨＹ？」はわたしのこれまでの人生の歩みや考え方について――書いています。

自分でカフェや場をつくりたいと思っている人は「ＨＯＷ？」から読んだらいいし、店主の人間性が気になる方は「ＷＨＹ？」から読むと「こんな人でもカフェつくれるの⁉」と

思うんじゃないでしょうか（笑）。

この本を読めば、きっと多くの人が「自分もできるかも」って思えるはず！

そのくらいわたしは何ももってない、何者でもない、ちっぽけな一人の人間でした。いや、今だって〝かけがえのない大したことのない自分〟です。

才能がなくたって、お金がなくたって、想いがあればだいたいのことはできます。

「いやいや、またまた～！　そういうの聞き飽きたわ～。できる人のソレでしょ～?」と思っている人！　わたしも昔、そういうタイプだったので心の底からわかります、その気持ち。

実はわたし、希望で胸をいっぱいにしてこのお店をつくったわけではありません。38歳になって、仕事で雇ってくれるところが見つからず、「くぅぅ～、いよいよ自分でやるしかないのか～、ううう～」というところから始まっています。しかも当時の所持金は20万円……。

そんなスタートから、いったいどうやって今があるのか？

生きるヒントなんかもけっこういっぱい入っていると思います。

ひとまず、気になるページから開いてみてください♪

Social Book Cafe ハチドリ舎店主　安彦恵里香

目次

WHAT?

ハチドリ舎って何なのか

HOW?

どうやってハチドリ舎をつくったか

WHY?

どうしてハチドリ舎をつくったか

WHAT?

ハチドリ舎って何なのか

WHAT?

01

ハチドリ舎とは？

まじめに社会問題を語っても
“引かれない”場所が欲しい！

広島平和記念公園から徒歩3分の場所にある「Social Book Cafeハチドリ舎」。この店名は南米アンデスに伝わる美しい民話からいただいている。


「ハチドリのひとしずく」

森が燃えていました。

森の生きものたちは われ先にと逃げていきました。

でもクリキンディという名のハチドリだけは いったりきたり
口ばしで水のしずくを一滴ずつ運んでは 火の上に落としていきます。

動物たちがそれを見て
「そんなことをして いったい何になるんだ」

といって笑います。

クリキンディはこう答えました。

「私は、私にできることをしているだけ」

出典:『ハチドリのひとしずく』辻信一監修(光文社刊)

ハチドリ舎は、社会と人、人と人、広島と世界をつなげるブックカフェ。

振り返ればわたしの原点は、高校生のときにニュースで見た、パレスチナ人親子がイスラエル軍の銃撃を受け殺される映像だ。胸がぎゅうと苦しくなって、お父さんに「なんで彼らは殺されなきゃいけなかったの？」と尋ねると、お父さんは「仕方がないんだよ……日本という平和な国に生まれてよかったと思おう」と答えた。胸は苦しいままだったけれど、その気持ちを閉じ込めるほかなく、わたしは心に蓋をした。

その7年後、NGOピースボートが主催する船旅に参加し、パレスチナのガザ地区からやってきたゲストスピーカーのザヘルさんとの出会いで閉じていた蓋が再び開いた。

以降、とにかくただ単純に、「誰かが悲しんだり、苦しんだり、命を奪われるのは嫌だ」という想いで、「どうしたら世界は平和になるのか？」という疑問の答えを探して生きてきた。

そんななかで出会ったのが「ハチドリのひとしずく」だった。森が燃えるなか、くちばしで水のしずくを一滴ずつ運んでは火の上に落としつづけたハチドリのお話。

戦争、飢餓、貧困、差別、環境破壊、気候変動……社会で起こるたくさんの悲しい出来事を知って胸を痛めても、「自分には関係のないこと」にしてきた過去の自分。ザヘルさんと話したとき、「その姿勢では問題は解決しないどころか、むしろ問題に加担すらしているのでは？」ということに気づいた。それは教科書やニュースで流れる〝社会問題〟の当事者に出会ったことがきっかけだった。

出会うことで遠くの問題は近くに感じられる。それは問題をすぐに解決できるような強い力はもってないけれど、せめて無視はせず、少しでも何かできることや考えることをしていきたい。

そんな気持ちを誰かと共有できる場として「まじめに社会問題を語っても浮かない場が欲しい！」と、２０１7年7月、ハチドリ舎をオープンした。

カフェではお話会や上映会、いろいろな社会問題をテーマにしたイベントを月に30ほど開催し、学び、語り合っている。

企画づくりで大切にしていることは2つある。一つは「差を埋める」こと。セクシャルマイノリティや虐待被害者、在日コリアンの方々、障がいをもつ人や、被爆者のおじいちゃんやおばあちゃんたち。ふだんあまり出会えない人との対話の場をつくっている。人は知ることで優しくなれる。そんな優しい社会にわたしも生きたいと願うから。

もう一つは「数より質」。多くの人はイベントの良し悪しを参加者数で計る。でもわたしは人がつながり、学びを分かち合い、持ち帰ることができれば、たとえ参加者が少なくても成功だと思っている。

オープンから7年。大小２８００を超える様々な場をつくってきた。ここを起点にたくさんの人がつながり、大きな気づきを得たり、独りじゃないと気づけたり、良いことがいくつも起こったと実感している。

今、わたしはあの物語の続きをこんなふうに描きたいと思っている。


「私は、私にできることをしているだけ」

それを聞いた動物たちは 行く先々でこのお話を伝えました。

すると その想いに共鳴した たくさんのハチドリたちが
同じように水のしずくを運びはじめたのです。

しかし、まだまだ火は消えません。

それでもあきらめずに続けていると、突然雷鳴がとどろき、大粒の雨が降りだしたのです。

やがて業火は消えたのでした――。


誰かが助かること、喜んでくれることがわたしのしあわせ。事業拡大なんかしなくていい。このカフェを安心、安全な場として、永く続けることがわたしの目標だ。

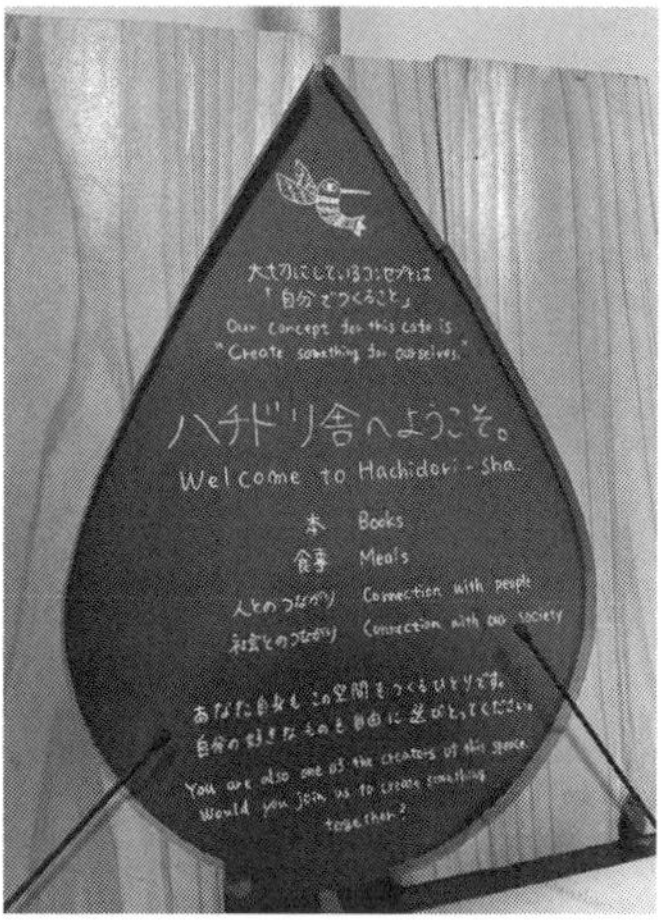

店の前に掲げたボードも“しずく”の
形をモチーフにしている。

WHAT?

02

ハチドリ舎をつくった理由

人と人、人と世界がつながれば、少しずつ世界は良くなると信じている。

ハチドリ舎では店休日である月・火以外のほぼ毎日（をめざして）、平和や社会問題等のイベントを開催していて、「自分ができることは何か？」を考えることができる。

被爆者の方から直接経験が聞けて、しっかりと想いを紡げる場に。自分が何をしようか迷っている人にとっては、おもしろい人と出会える〝ソーシャル駆け込み寺〟のような場に。広島の人にとっては県外・海外の人とつながり、広島の今をありのままにシェアできる場に。海外から訪れる人にとってはヒロシマの情報にナマで触れられ、原爆の語り部の話を聞くことができる場に――。

わたしがカフェをつくろうと思った理由は2つある。

一つは「つなぎたい！」ということ。

わたしは広島の地でいろいろな活動をしてきたが、そのなかで感じたのは、原爆資料館や被爆建物など広島で起こったことをインプットする場はたくさんあっても、アウトプットする場がないことだった。

広島県には年間５０００万人近くの観光客が訪れる。そのうち１９８万人が原爆資料館に来館し、そのなかの67万人が外国人観光客だ（２０２３年度の資料）。彼らがこの地を訪れる理由は、人類が犯した大きな過ちや核兵器の恐ろしさを肌で感じたいからという理由が大きいのではないかと思う。そんな想いで訪れた彼らが感じ取ったことについてゆっくり話す場は、残念ながら今の広島にはない。そして旅が終われば、広島の話をする機会も失われてしまう。

海外の方だけでなく、国内の訪問者も「もっと知りたい」「まちに住む人の声を聞きたい」「体験者の話を聞きたい」と思っているとよく耳にする。さらに核兵器廃絶を実現するための国際社会の取り組みについての最新情報を得られる場所もない。

広島というまちが世界からどれだけ注目されているかを実感できている広島の人は少ないように思う。それは単純に直接対話をする機会が少ないからだ。

わたしはこの「直接対話をする」ことがとっても大切だと実感している。なぜならわたし自身が実在する一人ひとりと対面し、言葉を交わし合うことで、遠い国の出来事を近くに感じてきた経験をもつからだ。

だから、少しでも多くの直接対話ができる機会をつくりたい。世界中、日本中から広島を訪れる人たちと広島に住むわたしたちがつながることで、お互いの違いを理解したり共通点を見つけたりすることができるのではないだろうか？

「どうして広島に来たの？」

「私たちにできることは何かあるかな？」

そんな小さな会話が、大きな平和をつくるための種になると思うのだ。

カフェをつくろうと思った2つめの理由は「まじめでいいじゃん！」ということだ。わたしは社会のこと、世界のこと、心のこと、地球のこと、政治のこと、憲法のこと、差別のこと……について興味をもっているけど、そういう話をすると「熱い！」とか「重い〜」とか「めんどくさい」と思われがち。そう思われると地味に凹むので（意外と繊細なのだ）、外ではあまり口にしないようにしてきた。

カフェを始めようと思ったときもいろんな人からアドバイスをもらった。

「あんまり難しいこと言ってると人は集まらないよ」

「もっとおもしろおかしくしないと」

確かにそうかもしれないと思った。だから角度を変えてみたり、敷居を低くしてみたり、言い方をやわらかくしてみたりといろいろやってみた。でもどうしてもウソっぽい。根がまじめだから、にじみ出てしまう。

そんな葛藤の末にたどり着いたのが、「どうしてまじめじゃダメなんだ？」ということだった。何かを本気で考えたり、やり遂げようとしたら、どうしたってまじめになっちゃうわけで。それがいけないのか？　いっそまじめでもいい、むしろまじめを売りにしちゃうくらいの場をつくってしまえばいいのでは？——そう考えたのだ。

それは言っちゃえば開き直りに近いのかもしれないけど、でもそんな人はきっとわたしだけじゃないはずだと思う。どうしてまじめなことがコンプレックスにならなきゃいけないのか？

ということで、店は〝まじめなわたし〟が堂々とまじめでいられる場というコンセプトになっている（もちろん、店に来る人はまじめじゃなくてもぜんぜんＯＫ）。


ハチドリ舎は「情報が多すぎて何がなんだかもうワケわからないんで、頭のデトックスさせてください〜」って人にとっても役立つ場になったらいいなと思っている。わたしの役割は、いわばおせっかいさん。店に来た〝知りたい人〟と〝知っている人〟をつなげまくっている。

大事なことは、つながること。わたしは人と人がつながり、人と世界、人と社会がつながれば、少しずつ世界は良くなっていくと信じている。

毎回イベントの冒頭、お店をつくった理由を
お客さんに語る。

WHAT?

03

ソーシャルブックカフェ

もはや壮大な“積ん読”!?
店にあふれる本は
知らない世界への窓。

ハチドリ舎は平和記念公園から徒歩3分、古い雑居ビルの2階にある。

店のドアを開けて正面にあるのは木箱を積み上げた本棚だ。木箱は組み合わせて使いやすいよう10の倍数のcmでつくられていて、開店前のDIYワークショップでみんなで手づくりした。箱は奥の窓際にも並べられ、中にはびっしり本が入っている。

本はわたしなりに分類していて、ジャンル別に分けられている。

「世界の紛争・戦争」「哲学」「アクティビズム」「日本の政治」「ジェンダー」「沖縄」「憲法」「食と農」「人権・差別」「メディア・ジャーナリズム」「広島」「アート」「フクシマ」……それ以外に雑誌『ビッグイシュー』や店でイベントをやってくれた人の書籍、子供たちも楽しめる絵本、それに『風の谷のナウシカ』『深夜食堂』『はだしのゲン』といったマンガもある。

ハチドリ舎は〝ソーシャルブックカフェ〟と銘打っていて、イベントもほぼ毎晩開催しているが、ふだんはここに置かれた本を読みながらゆっくりすごすことができる。売っている本は一部だが、一人で来ても退屈せず、じっくり社会問題について考えることのできる場を提供したいと考えている。

店をつくりたいと思ったとき、自分のつくる場には本が欠かせないと思った。

わたしにとって本は〝思考のパッケージ〟だ。

わたしは20代から30代にかけてスタッフとして何度もピースボートに乗ったが、船の上ではいろんな人の講演が行なわれていて、話を聞いた後はいつもその人の本を買って帰った。本には講演で話した内容も含め、その人の思考が詰まっている。不平等や不条理な世の中をよくしたいと考えている人たちの頭の中や実践法を少しでも自分のものにしたいと思ったのだ。

とはいうものの、わたしはもともと、本を読んできたタイプの人間ではない。机で勉強するのが好きじゃなかったし、人生を変えた一冊とかそういうものもない。

ただ、本が重要なツールであることは直感的にわかっていた。本には思想が凝縮されていて、自分が知りたいと思ったとき、それを読めば知恵ややり方を授けてくれる偉大な先生のようなものだと肌で感じていた。

ボランティアについて知りたいと思ったらボランティアの本を探せばいいし、ジェンダーについて知りたいと思ったらジェンダーの本をめくればいい。国際政治って何だろうと疑問をもったら国際政治の本を手に取ればいい。もちろん書き手がどんな考え方をもった人かが大切だけど、ここに来ればひととおり世界への入り口が開かれている。様々な考えに触れられたり、実践者の取り組みに刺激を受けたり、いま抱えている悩みに対して解決のヒントを与えてくれる力が本にはあると思うのだ。

ハチドリ舎には現在1000冊以上の本があると思う。数えてないので正確にはわからないが、本は開店以来増えつづけている。

ちなみに本はどうやって集めたのか？

雑誌『世界』の元編集長で「地平社」という出版社を立ち上げた熊谷伸一郎さんと以前話していたとき、家に本がありすぎて床が抜けそうだ、妻さんからもどうにかしてほしいと迫られていると言っていた。それを思い出して「置き場所がなくて困っているなら分けてもらえませんか？」と聞いてみた。

熊谷さんは本の収集家である5人の友人を集めてくれ、わたしが「こんなブックカフェを広島で開きたい。ついては本を選んで送っていただけないでしょうか」とプレゼンをする場をつくってくれた。わたしは東京に出向いてハチドリ舎のイメージを説明し、欲しい本のカテゴリーとして「原爆（広島・長崎）」「原発」「日本の戦争」「沖縄」「国際情勢」「憲法」「人権」「芸術と平和」「政治」「地球環境」「生き方」を考えていると伝えた。今のハチドリ舎のカテゴリーとほぼ一緒である。

その後、わが家に重たいダンボールが次々と送られてきた。熊谷さんから100冊、他の5人から合わせて300冊。こうした方々の選書と寄贈によって「Social Book Cafe ハチドリ舎」の基盤となる400冊がまず揃った。

その後の7年間で本は増えつづけているが、本は基本的にわたしが買ったものばかりだ。わたしは気になる本を見つけると、すぐポチる。本来は本屋に出向いて買いたいが、ふだんは店を営業しているので許してほしい。でも本当にすぐポチる。

ポチったということは興味があるということで、買った本は全部読んだと言いたいところだが、恥ずかしながらぜんぜん読書は進んでない。最近買った本、特に読みたいと思っている本は新刊コーナーのようにカウンターの上に並べているが、それすら読み切れない。ブックカフェをやっていながら、つくづく読書が得意じゃないのだ。

それでも、本は読まなくてもそこにあるだけで価値があると思っている。言い訳がましいかもしれないけど、本は積んであるだけで常に世界があることを感じられる。

そこに自分が考えなきゃいけないことがある。そこに世の中の不条理が存在する。お客さんでも店にいる間、一冊まるまる読破する人は少ないが、背表紙をつらつら眺めて回る人は多い。背表紙を見ているだけでも社会課題の概略は伝わるものだ。

そう考えると、ハチドリ舎の本棚はわたしにとって壮大な〝積ん読〟なのかもしれない。

本はそこにあるだけで、いろんな気づきを与えてくれる。

WHAT?

04

ヒバクシャ

考える種をくれた被爆者の友達。
対話のなかで原爆を感じてほしい。

ハチドリ舎は2017年7月26日にグランドオープンした。もともとオープンは8月6日の広島原爆忌に合わせたかったが、さすがに当日は大変なので、その1つ前の〝6のつく日〟である7月26日にした。

そのオープンから続いているイベントが「『6』のつく日　語り部さんとお話しよう！」だ。これはタイトル通り、毎月6のつく日に被爆者の方々と交流しようという内容で、毎月6日、16日、26日の3回、開店以来ずっと続けている。だからもう250回以上やっている計算になる。店をオープンした7月26日、ハチドリ舎の最初のイベントとしてやったのも、この「『6』のつく日〜」である。

わたしはハチドリ舎を始める前から広島に住んでいて、もう17年近くいろんな活動をしているが、茨城県出身だと知った人は決まってこんなふうに言う。

「え、茨城出身なんですか！　熱心に核問題に取り組んでるんで広島出身かと思ってました。どうしてこんな活動をしてるんですか？」

いや、広島の人でもやってる人は少ないけど……と心の中で思いつつ答える。

「いまこの時点ですべての人類が核の脅威にさらされているし、核兵器を生み出した人類誰もが考えなければならない当事者だから、ですね」

どうして広島の人だけが核問題について考えなければいけないのか？　ただでさえ心身

に深い傷を負った被爆者たちだけに核廃絶の活動を背負わせつづけるのは酷なことではないだろうか？

核問題はいまを生きる全人類が抱える課題である。永遠に核兵器が脅し合う世界に生きたいか？　相互確証破壊（相手国を確実に破壊できる報復能力を備える核戦略）の世界に生きたいか？　核問題は被爆者から〝継承〟するものではなく、広島の人から学習するものでもなく、リアルタイムの自分事として取り組むものというのがわたしのスタンスだ。

ただ、そうは言っても、やはり広島に暮らし、様々な出会いがあったことで反核への想いが膨らんだことは確か。数々の出会いがなければ、ここまで原子爆弾の存在を身近なものとして感じることはなかったと思う。

わたしに影響を与えてくれた一人が中西巌さんだ。

中西さんは15歳のとき、学徒動員中に広島陸軍被服支廠で被爆した。20年以上にわたって証言活動を行ない、解体の危機にあった被服支廠の保存運動を続け、そのかいあって被服支廠は全棟文化財として保存されることとなった。

中西さんとは、２００８年に出航したピースボート第63回クルーズで出会った。このときのクルーズは「ヒバクシャ地球一周　証言の航海」と名づけられ、１０３名の被爆者を乗せていた。そのなかにはノーベル平和賞の授賞式でスピーチしたサーロー節子さんもいて、世界22カ国25都市で核廃絶へのメッセージを発信した。

わたしは、伊藤剛さん（株式会社アソボット代表）とピースボートの共同プロジェクトである「WAR EVE」の担当スタッフとなり、中西さんの話を聞いた。「WAR EVE」というのは原爆が落とされる前の日のことや戦時下の日常について話を聞くという企画。モノクロの世界にしてしまいがちな過去にリアリティを与え、カラー化するようなプロジェクトである。

「僕はね、生まれは西地方町（にしじかたちょう）（現在の土橋（どはし）町周辺で爆心地の近く。花街だった）といってね、華やかなところだったんです。2階から見るとね、芸妓さんが人力車で朝帰ると朝風呂入ってね、置屋に帰るとちょっと一服したりゆうときに私を呼んでくれよったんです。膝に乗って上（芸妓さんの顔）を見ると綺麗なんだよなぁ……」

「8月5日の夜はね、母親がばら寿司をこさえてくれてね。あの頃は滅多に食べれないご馳走でなぁ。もう喜んでおいしいねおいしいねと食べたよねぇ……あくる日、原爆が落とされて私が帰ってこんでね。母親は『市内におった人間は全滅だ』と聞かされて、あんなお別れの食事みたいなご馳走を食べさせたのがいけんかったんじゃと半狂乱になってねぇ……夜になって私が戻って、とにかくまぁ喜んで。でもそれ以来、母はばら寿司を一度も出さんかったねぇ……」

中西さんとはやけに気が合って、広島に戻ってからは年齢を超えた飲み友達のようになった。定期的に会って、お酒をご一緒して、たくさんおしゃべりをした。

中西さんがお元気な頃、県外から大切な友人が広島に来たときは案内をお願いすることもあった。陸軍墓地、被服支廠などを回り、平和公園のすぐ近くにある広島市立高等女学校原爆慰霊碑の前に来るとこう話してくれた。

「ここは建物疎開作業中だった市女の生徒たち541人、先生10人が全滅した場所。所用でこの場所から離れて生き残った校長先生はね、自分だけが生き残ってしまったことをずっと悔いつづけたそうだよ。私にもね、そういう想いがある。多くの被爆者たちが同じような気持ちを抱えてるんじゃないかと思うよ……」

それを聞いてわたしは涙が止まらなくなった。生き残れたことを喜べないなんて。わたしが観てきた映画のラストでは、主人公はいつもなんとか生き延びて、誰かと抱き合って喜んでいた。でも現実はこんなに違う。これまで何度か被爆証言を聞いていたけれど、わたしは何もわかってなかった。

中西さんとは被爆の実相を聞くだけじゃなく、本質的な対話ができた。「軍都廣島の加害の歴史もしっかりと残さなければ」と言っていたし、「原爆を考えることは人間を考えることだ」とも言っていた。

〝伝承〟というと、体験した人と教えてもらう人がいて、どこか上下関係のようになってしまうが、中西さんとは対等関係であるような気がした。それは「人間とは何か？　なぜ戦争をするのか？　人の心のもろさを知ったうえで、それを繰り返さないために考えつづけることが重要であり、自分ができることはやっていこう」という想いが一緒だったからだと思う。おこがましいかもしれないが、だからこそ中西さんには仲間であり友達のような感覚がずっとあったのだ。

そんな中西さんも２０２３年8月、天国に旅立った。享年93歳。

わたしは中西さんから記憶を継承したのではなく、種をもらったのだと思っている。わたしの中の思考や哲学を育てていける種。わたしはその種を育てて、ハチドリ舎というカフェをつくった。

わたしも中西さんのように種を渡す人になりたい。その種には中西さんの意思も入っていて、昔のことにならず、思い出にもならず、ずっとつながり紡がれていくのだと思う。

『「6」のつく日〜』には、そんなわたしと中西さんの関係も反映されている。

イベントは毎回、被爆者の方に来てもらい、お客さんには11時、13時、15時のうち好きな回を予約してもらうようにしている。ずーっとお話を聞くというより、わからないことがあればそのつど質問するというスタイルだ。

中西さんがそうしてくれたように、なるべく被爆者の方と自由にコミュニケーションしてほしいし、できれば友達になってもらいたい。敷居の高い講演として〝拝聴させてもらう〟のではなく、普通の会話のなかで、今も続く日常のなかで原子爆弾が落とされたことを感じてほしいと思っている。

広島には以前「スワロウテイル」というバーがあった。そこは冨恵（とみえ）洋次郎くんというわたしと同世代の男性がやっていて、毎月6日に「原爆の語り部　被爆体験者の証言の会」というイベントを10年も開催していた。

スワロウテイルは薬研堀（やげんぼり）にあるバーで、よく行っていた。洋次郎くんは広島出身の被爆3世で、広島の人がこうした企画をやること、しかも広島の歓楽街のど真ん中で行なうことの重々しさを承知したうえで行動していた彼を、わたしはリスペクトしていた。

「洋次郎くんの遺志を継いでいるのか?」と聞かれることも多いけど、わたしは彼ほどには広島を背負っていない。それは彼の著書の中にある一節からもわかる。

「広島に住む僕らには、いつも戦争による身内の死が身近にある状態なのだ。『原爆のことを教えて』と言うことは、『親やきょうだいが死んだ話を聞かせてよ』と、言うことと同じ。～(中略)～ 悲しみを蒸し返すこと、というのが、広島の人はみんなわかっているのだ」(冨恵洋次郎著『カウンターの向こうの8月6日――広島 バー スワロウテイル「語り部の会」の4000日』〈光文社刊〉より引用)

店をやろうとしたとき、飲食店の経験がなかったわたしが修行させてほしいとお願いしたのは洋次郎くんだった。しかしそのすぐ後に肺ガンが発覚。わたしのお願いは叶わないまま、旅立ってしまった。

洋次郎くんが亡くなった月の26日にハチドリ舎はオープンした。その日が洋次郎くんの38歳の誕生日だったと後から知って驚いた。

ハチドリ舎で行なっている『6』のつく日～」も7年が経過し、被爆者の高齢化が進んでいる。現在定期的にイベントに参加してくださっている被爆者の方は10人ほどいるが、ガンの手術を受けたり体調を崩したりする方もいて、それに合わせて証言の内容も変化している。そういう事実ひとつとっても、「原爆の被害は終わったわけではない」「現在も苦しみは続いている」ということを実感する。

「『6』のつく日～」はハチドリ舎にとって中心にある柱。この店が続くかぎり、やりつづけていこうと思っている。

WHAT?

05

核廃絶

ヒロシマに暮らす人間だから
発信できるメッセージがある。

前の章でも書いたように、わたしは核兵器については広島・長崎の人や被爆者だけが考えるものではなく、いま地球上に生きているすべての人が考えなければいけない問題だと思っている。現在すべての人類が核の脅威にさらされているし、人類が生み出した究極の兵器の後始末をするのは人類でしかないと思うからだ。

だから多くの人に核問題を自分事として感じてほしい。でも正直に言えば、わたしが核問題を自分事として考えられるようになったのは大人になってからだ。

わたしは29歳のとき、広島でスティーブン・リーパーさんと会った。スティーブは原爆資料館などの運営を行なう「公益財団法人　広島平和文化センター」の元理事長で、その要職を日本人以外で初めて務めた人物である。

わたしはスティーブの推薦で、平和市長会議が発表した「ヒロシマ・ナガサキ議定書」の核拡散防止条約（ＮＰＴ）再検討会議での採択をめざした「Ｙｅｓ！ キャンペーン」実行委員会の事務局長を務め、２０１０年にニューヨークで行なわれたＮＰＴ再検討会議にも参加することができた。

わたしは彼と接するなかで、自分が核兵器が実戦使用されたまちに暮らす人間だからこそ発信できるメッセージがあることを教えられた。〝ヒロシマに生きている〟ということは、それだけで世界に向けて発信する発言にリアリティと説得力を与えてくれるのだ（スティーブとの交流は「WHY? 06 広島へ②」に詳しく書いている)。

それ以来、わたしは「いま自分は核廃絶のために何ができるのか?」という視点でこの問題に取り組んでいる。多くの人が被爆者とつながり、リアリティをもつことで原子爆弾が落とされた過去を身近に感じてもらうのと同時に、「その惨状をもたらした兵器をいかにしてなくすか?」という現在進行形の課題解決を、実践的に、行動的に進めている。

核廃絶を進めるうえで大きなターニングポイントになったのは2017年7月、核兵器の全廃を謳った世界初の国際条約「核兵器禁止条約」が国連で採択されたことである(発効は2021年)。さらに2017年12月、ICAN(核兵器廃絶国際キャンペーン)がノーベル平和賞を受賞し、社会的にも話題となった。

わたしは2018年、ICAN条約コーディネーターのティム・ライトさんの講演を聞き、核兵器廃絶に向けてはロビー活動が重要であることを実感した。また、ICANキャンペーン・コーディネーターだったダニエル・ホグスタさんとの交流会のなかで、ICANは核兵器の廃絶をめざすNGOや団体の連合体であり、そこに団体として加わることができることを知った。そこで団体をつくることも有効というアイデアを得る。

ハチドリ舎では2018年7月、若い世代に核兵器禁止条約について知ってもらいたいという想いから「採択1周年企画、イチから知る！　核兵器禁止条約（ＴＰＮＷ）」というイベントを開催した。その流れから、核問題に関心のある人たちとFacebook上にグループチャットを作成した。

そこで「どうして日本は被爆国なのにこの条約に参加しないのか？」という話をしているうちに「じゃあその理由を（当時外務大臣だった）岸田文雄議員に聞いてみよう！」「だったら広島選出の国会議員全員に聞いてみよう！」と盛り上がった。

それをきっかけに２０１９年1月、立ち上がったのが「核政策を知りたい広島若者有権者の会」、通称「カクワカ広島」である。カクワカの〝ワカ〟には〝若〟者の他に、「核問題を〝分か〟りたい」「議論の熱をもっと〝沸か〟せたい」という意味も込められている。

カクワカ広島では当初の予定通り、広島選出の国会議員に手紙を出して面会するプロジェクトを進めている。面会の様子はＳＮＳで発信したりイベントを行なったりして市民に報告する（現在広島ゆかりの国会議員含む12名と面会済み。面会を求めているが会ってくれない議員6名。ちなみに全員自民党）。

また、すべての国会議員の立場を明確化する団体「議員ウォッチ」と連携して、議員や市民と対話する「広島キャラバン」を開催したり、選挙の際は立候補者に核政策に関するアンケートを行なったりもしている。結成してすぐＩＣＡＮにも加盟した。

カクワカ広島は20～40代を中心に、現在は10人ほどが参加している。月に1回ミーティングを行ない、G7広島サミットであったり、映画『オッペンハイマー』の公開であったりトピックがあるたびにイベントを企画する。ハチドリ舎はカクワカ広島の拠点としてコラボイベントに会場を提供するし、店主のわたしはカクワカ広島の発起人である。

　カクワカを始めてしばらく活動するなかで、わたしたち以外にも何らかの発信をしたいと思っている若者たちと出会った。2021年の核兵器禁止条約発効の際、「みんなとつながって、核兵器禁止条約の発効という歴史的な日をお祝いできないだろうか?」という想いから「すすめ!　核兵器禁止条約プロジェクト」を行なった。これは著名人にコメントをもらい、核兵器禁止条約の発効日に向けてSNS上でカウントダウンしていくという企画。後藤正文さん（ミュージシャ

カクワカ広島共同代表の田中美穂ちゃんと。

ン／ASIAN KUNG-FU GENERATION）や仲代達矢さん（俳優）など多くの人が参加してくれた。

カクワカ広島は先日発足5周年を迎えた。２０２２年、ウィーンで行なわれた第1回締約国会議にはメンバーの3人が参加した。

カクワカが立ち上がってよかったと思うのは、学生時代に広島で反核活動をしていた人たちに受け皿ができたことである。これまでだと進学や就職で広島を離れてしまうとバラバラになり、個々の活動もしぼんでいたが、今はカクワカというグループがあることで、高校や大学を卒業したら活動も卒業するというナゾの流れがなくなったように思う。現在は月イチのオンラインミーティングで各自の活動を報告し合い、むしろネットワークは広がっている印象だ。

ハチドリ舎がカクワカの活動に実体と安心感を与えているならいいなと思う。広島を離れたメンバーが、実家に帰るように店を訪れてくれるのがとてもうれしい。

WHAT?

06

マイノリティ

自分はノーマルと思ってる？
普通なんてものはないんだよ。

ハチドリ舎のコンテンツの主軸は主催イベントだ。社会課題解決の知恵やヒントを得られるイベントを月に30ほど開催していて、お客さんが払う企画への参加料が店の主な収入源になっている。

イベントのテーマは多様である。ただ、わたしが常に願っているのは「すべての人がどこに住んでいても、どんな人種でも、どんな性別でも、どんな年齢でも、命や権利が脅かされることなく、その人らしく生きてほしい」ということ。そのためにできることは何でもするし、近づいてきたものから手あたり次第にやっている感じだ。

なかでも性的マイノリティに関するイベントは開店直後からやりたいと考えていた。広島に10年住んで〝セクマイ（＝セクシャルマイノリティ）さん〟と会うことは1回しかなかった。左ききの人と同じくらいの割合でいるはずなのに、保守的な広島ではオープンにしづらいのだろうと思った。当事者から話が聞ける企画をしたいとネットで検索すると、知人の新聞記者が書いたセクシャルマイノリティの介護士の方の記事が出てきた。相談すると、ＬＧＢＴＱ＋（かもしれない人も含む）の子供とその保護者のためのコミュニティスペース「ここいろhiroshima」を立ち上げたばかりの當山（とうやま）敦己（あっきー）さんと高畑桜（さーちゃん）さんを紹介してくれた。

二人にはまず、「会って知る」というシリーズイベントに出演してもらった。これは当事者に会って話をすることでその存在を身近に感じてもらうという企画。『6』のつく日語り部さんとお話しよう！」と同じ手法である。その1回目に「性同一性障害のあっきー」、2回目に「レズビアンのさーちゃん（今はXジェンダー）」と題して、それぞれ本人に店に来てもらい、じっくり話を聞かせてもらった。

そしてその企画から今へとつながる「セクマイBAR」がスタートする。打ち合わせのとき、セクシャルマイノリティの人たちが気軽に集まれて、定期的にしゃべれる場が欲しいという話が出たのだ。だったらぜひ共催しましょう！ となって、2018年5月に初回開催。それ以降、定例企画として毎月行ない、今や店の大事なイベントになっている。

イベントの中身はシンプルだ。セクマイの人、セクマイについて知りたい人が気ままに集まり、恋愛のこと、仕事のこと、セクシャリティのこと、誰にも言えない悩み事……などを自由に話し合う。自分のことを話してもいいし、話したくない人はお酒を呑んでいるだけでもいい。本当に何の制約もなく、誰にもジャッジされず自分の言葉を話せる場である。

ただ、この会には一つ特徴があって、出席者には毎回最初にSOGIボードを使って自己紹介をしてもらっている。SOGIというのはSexual Orientation and Gender Identityの頭文字で、性的指向（好きになる性）／性自認（自分の心の性）を指す。具体的には、参加者は自分の「認識している性」「表現している性」「心惹かれる性」「生まれた性」について男性の度数がどれくらいか、女性の度数がどれくらいかボードで示す。

この自己紹介は別にパスもできるし、嘘をついてもいい。「今のところ」でもいい。カミングアウトをしてほしいわけではない。シスジェンダー（自認する性と生まれもった性が一致している人）でヘテロセクシャル（異性愛者）の人たちは性に多様なカタチがあるのを知らないことが多いので、SOGIボードを使って自己紹介することで自分も多様な性のあり方の一つだと実感してもらおうというのである。「自分はノーマル」と思っている人に「普通なんてものはないんだよ」と知ってほしいのである。

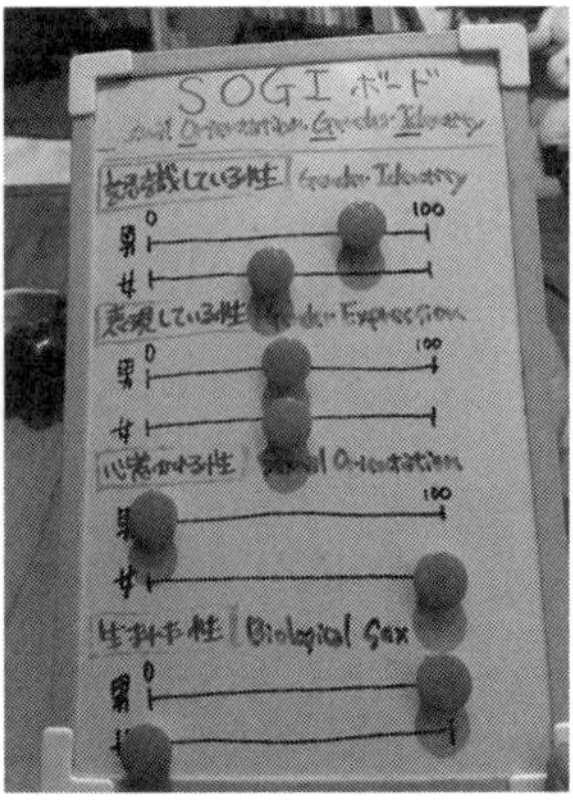

自分の性的指向／性自認を説明するためのSOGIボード。

セクマイBARがスタートして6年が経ち、これまでのべ1000人以上がイベントに参加した。そのなかには人生が大きく変化した人もいる。

40代のゆうすけさんは、自分がゲイであることをずっと隠して生きてきた。限られた人にしかカミングアウトせず、社会的にはヘテロ男性として振る舞ってきた（そういう人たちはクローゼットと呼ばれる）。だが気軽に話ができる友達が欲しいと感じ、そのタイミングでセクマイＢＡＲのことを知り、勇気を出して参加してみることにした。

初めてハチドリ舎のドアを開けるときは、心臓が止まるくらいドキドキしたという。これまで誰にも話していない自分の秘密を話すのだ。中にどんな人がいるかもわからない。

そしてＳＯＧＩボードを使っての自己紹介――それまでは「こんなこと外の人に言ったら死んじゃう！」と思っていたが、自分の性指向を口に出してもみんな受けとめてくれた。さらにまわりの自己紹介を聞いているとＸジェンダー（男女いずれにも属さない性自認の人）の人などもいて、「自分は超シンプルなゲイだな」と次第に吹っ切れていったそう。

その後、ゆうすけさんはカミングアウトしてオープンリーゲイとなった。現在はセクシャルマイノリティ当事者の居場所づくりを目的とした団体「NINA ARICA（ニーナアリカ）」を立ち上げ、中高年の性的マイノリティをサポートする「おりおーて広島」という交流会を開いたり講演活動を行なったりしている。セクマイＢＡＲをきっかけに解放されたのだ。

わたしもセクマイBARに参加したことで解放された一人だ。30代後半から40代はじめの頃、結婚していない自分に対して女性としての劣等感を感じていた。でも同性婚が認められない日本では、愛し合っていても結婚できない人たちがいる。同性婚を求める人たちの権利はもちろん訴えていかなければならないけれど、「そもそも結婚っていったい何なんだ⁇」と考えると、結婚という制度に縛られず、ありたい自分であればいいんだとずいぶんラクになった。

近隣で行なわれるレインボープライドにはなるべく参加し、ハチドリ舎の店内にはいつもレインボーフラッグが飾られている。来年の秋、広島で初めて開催されるプライドパレードの準備も始まっていて、わたしも実行委員の一人になった。

「どんな性別であろうと、その人らしく生きられるように」

もう一度書くけど、そのためにできることは何だってやるつもりだ。

WHAT?
07

憲法

憲法はわたしたちの権利と自由を守るためにあるともっと知ってもらいたい！

ハチドリ舎ではセクマイBAR以外にも様々な〝BAR〟企画がある。政治や宗教など気になっている社会問題を何でも話題にしていい「ソーシャル語りBAR」、在日コリアンの人たちと語れる「BAR在日」、「お坊さんとざっくばらんに話してみたくない？」をテーマに行なわれている「坊主BAR」などが定期的に開かれ、ゆっくりお酒を呑みながらコミュニケーションできる特別な場として機能している。

そんなBARシリーズの一つが「弁護士BAR」である。

このイベント名を見ると、きっとお店に弁護士の人がいて、参加者が抱える法律の悩みについて応えてくれる場だと思うことだろう。基本的には間違っていないが、実際はちょっと違う。弁護士BARの中心にあるのは、あくまで憲法なのである。

NHK朝の連続ドラマ小説『虎に翼』でも描かれたように、憲法というのはものすごく大切。憲法と聞くと、民法のように「わたしたちが守らなければならないもの」「社会のルールが記されたもの」と思いがちだが、本当はそうではない。むしろ憲法に書かれているのはわたしたちの権利。権力者が暴走してわたしたち国民を抑圧しないよう、権力者を縛るために存在しているのが憲法だ。

しかしみなさんご存じのように、近年憲法の土台が揺らいでいる。自民党を中心に改憲議論が積極的に行なわれているし、法律のプロが首をかしげるような憲法解釈もしばしば見受けられる。憲法は為政者を縛るためにあるものなのに、それを為政者が変えようとするのはいったいどういうことだろう？　その先にあるのはどんな未来なのだろう？

こうした状況に危機感を感じたわたしは、「とにかくみんなにもっと憲法の重要性を知ってもらいたい！」という想いから、2018年5月、「憲法改正を論理的に理解したい人のための入門講座」というイベントを開催した。

協力してくれたのは「平和憲法を守る弁護士の会（広島）」で活動する井上明彦さんと平田かおりさんである。この会は、政治的な考え方、立場の違いなどを超え、憲法9条の保障する平和主義が生かされた政治の実現を求める広島の有志弁護士が結成したグループ。彼らもまた平和憲法が改悪されそうな昨今の情勢に危うさを感じ、勉強会やイベントを開いて、多くの人に日本国憲法の価値を知ってもらう活動を展開していた。

会とハチドリ舎がコラボしたイベントは無事成功に終わった。その勢いで「定期的にやろう！」と盛り上がったものの、2回目の告知をしたら参加希望者がまったく集まらない。

やっぱり〝憲法〟という言葉がイベント名に入ると、とたんに話が重たくなって、「ちょっと行ってみようかな」という気分にならないんじゃないだろうか？　憲法を大上段にテーマに掲げると、敷居が高くなるんじゃないか？

ということで変更したイベント名が「行列のできる弁護士ＢＡＲ」（笑）。シリアスの極みから真逆に振るのもどうかと思うが、「さすがにこのイベント名、恥ずかしくない？」となって最終的には今の弁護士ＢＡＲに落ち着いている。

ちなみにこのときの経験はその後、弁護士ＢＡＲのテーマとして「〝憲法〟をタイトルにするとなぜ人は来ないのか？」とネタにさせてもらった。人々の憲法アレルギーをどう取り除いていくか。基本、転んでもタダでは起きないのがハチドリ舎のやり方である。

弁護士ＢＡＲになって5年半、イベントは基本、折々の時事問題について弁護士たちと一緒に語り合うという内容に変わっている。

これまで元徴用工裁判、外国人研修生、マイナンバーとプライバシー、京アニ事件での精神障害と刑事責任能力、共同親権と養育費、ブラック校則、コロナ禍の貧困問題……など様々なテーマを扱ってきた。

ただ、名前と見た目こそリニューアルしたものの、わたしたちがやろうとしていることは本質的に何も変わっていない。身近で接しやすいテーマを入り口にしながら、結局のところ最後は憲法の重要性にたどり着くような流れになっている。おかしなことが多発している昨今のトピックに触れながら、それらを憲法に照らし合わせて考えられるようなしつらえになっている。

わたし個人としては、平和憲法を守る弁護士の会（広島）とコラボできたことで、これほど多くの弁護士さんが現状に危機感や違和感を感じているということを知れたのがよかった。それぞれの弁護士さんには全国に弁護士仲間がいるので、そのテーマを専門にする弁護士にゲスト出演してもらったり、リモートで話をしてもらったり、多くの人に協力いただいている。会としても憲法の問題を外に向けてアピールしたかったようで、運営もすべて任せられるハチドリ舎という場所でできることは願ったり叶ったりとのこと。お互い相思相愛ならとってもうれしいなと思う。

わたしにとって平和憲法を守ろうとしている弁護士の人たちは心の同志である。憲法が変わってしまえば、わたしたちの権利もたやすく奪われてしまう。

わたしたちはわたしたちの自由を守るため、もっと憲法の重要性を理解しなければいけないし、そのことを伝えたうえで、今の不穏な改憲論議に対してもしつこく警鐘を鳴らしつづけたいと考えている。

「弁護士BAR」の様子。憲法の重要性をもっと広く伝えたい。

WHAT?
08

選挙

選挙は“闘いの場”じゃない。
社会を共に考える仲間が集う場所。

色とりどりのポップな矢印の看板の中に、いろんなコピーが書いてある。たとえば「手ぶらでも、投票できます。」。たとえば「1億分の1票。まず一歩。」。たとえば「この1票で変わるのは自分かもしれない。」……そして「投票所はあっち。」。

こうした看板を街中の目立つ場所に貼ったり、〝ひとり街宣〟のようにそれを持ち歩いて道行く人にアピールしたり。それがより多くの人に選挙に足を運んでもらうためのアクションである「投票所はあっち→プロジェクト」の概要だ。

社会問題を自分事として捉えてもらうことに主眼を置くハチドリ舎にとって、日本の選挙の投票率の低さはずっと問題だと感じていた。

政治に参加する最初のステップである投票権を行使しないのは、社会問題を他人事にすることの最たるものである。まずは投票に参加することで自分も社会の一員であることを実感してほしい。そういう意味で、投票率の向上というのはハチドリ舎の活動とぴったり重なるミッションでもあった。

わたしが「投票所はあっち→プロジェクト」に出会ったのはハチドリ舎をオープンする前の2016年のこと。

プロジェクトの発起人は数々の有名アーティストのMVを手がけてきた映像作家の丹下紘希（こうき）さん。2016年7月の参院選は、安倍政権下で秘密保護法や安保関連法（戦争法）

の評価、原発再稼働、そして改憲の是非などが問われた非常に重要な選挙だった。

　これはじっとしていられない！　投票率を上げるために何かしたい！――と思っていたら、このプロジェクトに参加しないかというお誘いをいただいた。デザインを担当した田中健一くんと共に、彼がつくった矢印のパネルを持って街に繰り出し、ウェブサイトの素材になる写真を撮るところから始まった。当初は投票所までご案内するがごとく街のあちこちに矢印パネルを標示したかったけど、許可をもらうのがなかなか大変で、結局は選挙当日に仲間たちと山手線をぐるぐる回り、すれ違う人たちに「今日は参院選の投票日ですよ」「投票に行きましたか？」と声をかけて回った。

　選挙は自分の応援する候補者を当選させるための〝闘いの場〟だと思われているかもしれないが、投票

「投票所はあっち→プロジェクト」。カラフルな矢印がかわいいのです！

所に足を運ぶ人を増やすことは思想や政策の違いを超えて連帯できる行為だと思う。みんなが共有する投票所という場所に、社会を共に考える〝仲間〟がより多く集まるというのは、誰にとってもすばらしいことじゃないだろうか？

だから「投票所はあっち↓プロジェクト」はそれぞれの政治的意見や主義主張、あらゆる分断やハラスメントを活動に持ち込まないことになっている。お互いへのリスペクトを大事にして、寛容と笑顔を重視しようと言っている。

わたしはこのプロジェクトのそういう姿勢も好きだが、「選挙の風景を変える」というコンセプトもすごくいいなと思っている。街宣カーががなり、駅前にのぼりを立てて演説するようなこれまでの風景から、かわいい矢印を手に持って、賑やかに街を練り歩く風景へ。それは「投票という行為はわたしたちの権利だ」という事実を祝福する、ハッピーなパレードのようにも見える。

２０１７年にハチドリ舎をオープンしてからは忙しく、なかなかこのアクションはできなかったけど、２０２１年4月の参院選広島再選挙ではガマンできなくなった。県内の地方議員など94人に金銭をばらまき、公職選挙法違反で逮捕された河井案里氏の当選無効にともなう再選挙。もう一度同じ選挙をするという税金のムダ使いだけでなく、広島に住んでいる者として、ここでさらに投票率が落ちるとなると恥の上塗りもはなはだしい。「なめんなよ！」と怒りの心に火がついた。

わたしは丹下さんとデザイナーの田中健一くんに相談して、広島専用の特別パネル「投票所はあっちじゃけえ。」をつくってもらった。そしてハチドリ舎に集う仲間と共に、広島市内の繁華街である本通や広島城、マツダスタジアム、そして期限前投票所などを3日かけて練り歩いた。歩きながら出会った人には「もう選挙に行きましたか？」「行かないんですか？」とおせっかいに問いかけ、投票済みの人には「投票行ってきました。」ステッカーを、これから行くという人には「GO VOTE　選挙行きます」と書かれたステッカーをプレゼントして回った（投票に行かない人には何もあげない）。

やってみるとわかるのだが、この「投票所はあっちじゃけえ。」アクションはすごく気持ちがスッキリする。「どうして投票率がこんなに低いんだ！」と家で地団太を踏むより、外に出て「どうして投票に行かないんですか？」と聞いて回ったほうが精神衛生上、たいへん健全だ。とにかく何かやっていないと、こっちとしてもやりきれない。

結局その広島再選挙の投票率は県全体で33・61％。補選とはいえ前回から11・06ポイントもダウンして、プロジェクトの効果に関してはからっきしである。

しかしわたしはあきらめない。まったく効果がなかったとしても、くじけない。その年の衆院選、２０２２年春の広島市議補選、県議補選でも「投票所はあっちじゃけえ。」キャンペーンを展開した。こうなると気持ち的には「大事なことなので何度でも言いつづけます！」。今はそういう心境である。

そうした広島での経験をもとに、２０２１年の衆院選以降では「投票所はあっち↓プロジェクト」を再び全国に呼びかけた。今は「投票所はあっち。」の活動を各地域で展開する裏方サポートもしている。矢印やステッカーはダウンロードして自由に使えるので、その伝え方をリモートでレクチャーする。ＳＮＳでの拡散も併せてお願いする。

政治は政治家のためにあるのではなく、わたしたちのためにあるものだ。選挙は政治参加の第一歩なわけで、だからどれほど低調でもタイミングが合えばやっていきたいと思っている。

大事なことだから何度でも言いつづけますよ！

WHAT?

09

ジェンダー

結婚するかしないか？
産むか産まないか？
女性の生き方はそれだけじゃない。

広島県が作成した冊子「働く女性応援よくばりハンドブック」がＳＮＳやインターネットを中心に批判を集めたのは２０２１年11月のことだった。

この冊子は家庭と仕事の両立をめざす女性に役立つ情報をまとめたものだが、読めば読むほどツッコミどころ満載で、特にパパの本音が「こっちだって仕事で疲れてるんだよね。夜泣きがうるさくても我慢してるし、多少は手伝っているんだから、勘弁してほしいな……」と書かれたところは、「手伝いレベルかよ！」「ママだって疲れてるよ！」と大炎上した。

さらにママへのアドバイスも「ちょっと大げさに感謝すると、パパもやる気を出してくれます」って「なんでパパのやる気を出すために女性が気をつかわないといけないのか！」と大ブーイング。そもそも仕事・家事・育児すべてを両立させなければならない女性の現状を〝よくばり〟と表現するのはどうなのかなど、あっちこっちから不平不満の火の手があがり、全国的なニュースとしても取り上げられた。

わたしもこの冊子を読んだとき、あまりに時代錯誤なジェンダー観に驚き、

「これの何がおかしいかわからない高齢男性は多いだろうな」

というコメントをつけてFacebookでシェアした。するといろんな人から反応があり、またしてもいつものパターンでグループチャットを作成した。そして広島県の担当者に、この

ハンドブックがつくられた経緯をヒアリングする段取りを始めた。

この問題をきっかけに出会った女性からは、ジェンダーにまつわる様々な悩みを聞いた。特に田舎の方というか中山間地域に暮らす女性たちは、いまだに「結婚しない女には価値がない」「女は子供を産んで初めて一人前」「女に学はいらない」といった保守的な価値観に苦しめられていることがよくわかった。

女は子供を産む道具。女は男の一歩後ろを歩くもの。家の中のことは女の仕事……「#MeToo」運動や、森喜朗・元首相の女性蔑視発言に対する「#わきまえない女」など、世界的にジェンダーギャップを是正しようという動きは起こっているが、それでもまだ傷ついている女性はたくさんいる。やっと問題が可視化されてきたが、しんどさを抱えている人は多いし、その苦しさを声に出せない人もいっぱいいる。さらにはその苦しさを自分のせいだと思い込んでいる人も山ほどいる。

日本社会は旧態依然とした性別役割分業がいまだに幅を利かせている。特に地方社会や政治の現場、一般企業の上層部では、その傾向が明らかだ。男性社会のままなのだ。それは「男らしさ」を求められる男性にとっても生きづらい世の中ではないだろうか。

そんな現状を知り、わたしは隠れキリシタンのようにジェンダーの悩みを隠して生きている人たちが本音でしゃべれる場が必要だと思った。「その苦しさはあなたのせいじゃない」と伝えたいし、自分の考えを確かめられる場が欲しい。

こうした流れから2022年1月「ジェンダーを考えるひろしま県民有志」という団体を立ち上げた。

ジェンダーを考える会の目的は、広島で暮らす人たちのジェンダー観を行政や市民と対話しながらアップデートしていくこと。結成のきっかけは「よくばりハンドブック」だったが、単に糾弾して終わりではなく、どうしてこういう内容になったのか県の担当職員に話を聞き、修正案をこちらから提示し、新たなジェンダー観へと刷新された冊子を一緒につくっていければいい。そういう想いで県とオンライン面談も行なった。

ハチドリ舎でもジェンダーを考える会とのコラボイベントはたくさんやった。「#検察庁法改正案に抗議します」で知られるフェミニストの笛美さんをゲストに呼んでお話したり、デートDVや共同親権について学んだり、作家のアルテイシアさんを招いて「ジェンダーしゃべり場」を開いたりした。

さらに会では選挙のたびに立候補者にジェンダー政策に関するアンケートを実施。有権者の参考になるようSNSなどで発信する活動も行なっている。2022年の参議院選挙を皮切りに、翌年の統一地方選の三次（みよし）市長選挙、尾道市長選挙、東広島市議会議員選挙、広島県議会議員選挙など、現在もその活動は続いている。

今でこそジェンダー問題について頻繁に声をあげているハチドリ舎だが、そのきっかけになったのは「働く女性応援よくばりハンドブック」なので、本格的に取り組むようになってからは3年ほどと歴史が浅い。本当に最近という感覚である。

　これまで積極的に社会問題にコミットしてきたわたしが、どうしてジェンダー問題に関しては出遅れたのか？　正直に言えば、わたし自身もジェンダーバイアスのなかでずっともやもやした想いを抱えながら、それを自分のせいにしていた。

　20代30代、わたしも多くの女性と同じように「彼氏とかいたほうがいいのかな？」「やっぱ結婚したほうがいいのかな？」という社会規範のなかで揺れていた。過去、結婚を意識した男性はいたが、彼が「女なら掃除も洗濯もやって当たり前でしょ」という考え方の

女性議員の方々をお呼びして「核問題とジェンダー」の関連性を語ったこともある。

人だったので、「それを強いられるのがイヤだと思ってるわたしは、女として落ちこぼれているのかな？」と自分のことを責めつづけた。「女ならかくあるべき」という姿からかけ離れた自分に負い目を感じ、そんな自分をどうしても愛することができなかった。

それがハンドブック問題をきっかけにフェミニズムに目覚めたことで、こうした悩みは自分のせいじゃないと気がついた。それは個人の問題ではなく、悪いのは男性中心に組み立てられた社会のほうじゃないかと思うようになったのだ。

問題解決の矢印を自分から社会に変えることで、見える風景も変わってくる。以前のわたしのように苦しんでいる女性たちに、「あなたは悪くないよ。自分を責めないで」と伝えたい。そして矢印を外側に向けている間に自分の声が聞こえてきたら、また矢印を自分の内側に向けたらいいと思う。

WHAT?
10

自分を愛する

自分を責め立て罰するのは自分。
自分を愛せれば社会も変わる。

わたしは30代後半くらいまで、自分のことを結婚も恋愛もまともにできない落ちこぼれだと感じ、そんな自分に劣等感を抱いていた。それがフェミニズムに出会ったことで「もしかして悪いのは自分ではなく、今の男性中心の社会のあり方なんじゃないか?」と考えるようになった。

考え方が変わったのは、その少し前にわたしのなかで新たな気づきを得る体験があったからだ。

２０１９年11月、広島で1週間にわたって開催されたＮＶＣのトレーニング合宿「ソーシャル・ジャスティス・リトリート」に参加した。これが自分の人生観をひっくり返すくらい大きな転機になった。

そもそもＮＶＣとは何なのか?

ＮＶＣとはNonviolent Communicationの略で「非暴力コミュニケーション」や「共感的コミュニケーション」と訳される。１９７０年代、米国の臨床心理学者であるマーシャル・B・ローゼンバーグ氏によって体系化されたコミュニケーション手法で、自らの内面に意識を向けることで自分の内外に平和をつくりだすことを目的にしている。支配や対立、緊張といった〝暴力的なコミュニケーション〟を離れ、互いを尊重し、つながりを深める〝共感的なコミュニケーション〟をめざそうというのである。

——と書いても抽象的すぎてわかりづらいかもしれない。ＮＶＣがわたしに教えてくれたことはたくさんあるが、そのなかでもいちばん大きかったのは「自分を愛すること」の重要性に気づかせてくれたことである。

ＮＶＣでは認知や捉え方によって物事のありようは変化すると考えられている。物事を判断する価値基準が他人にあるうちは、自分で自分の価値を実感することはできない。そして物事を自分軸で捉えるには、何よりもまず自分が自分を愛する必要がある。自分は誰かのために存在しているんじゃなく、自分がもっている願いを満たすために行動しているのだと気づくことで、見える世界は変わってくる。

これはまさしく自分に当てはまる話だと思った。

それまでわたしはずっと自分のことを卑下してきた。太めの体型だし、かわいくないしと痛めつけてきた。

自分が自分を愛せないと、必然的に外に評価を求めるようになる。女性としての価値がないなら、せめて世の中の役に立つことで自分の価値を保とうとする。わたしは社会活動に懸命に取り組んできたけれども、もしかしてそれは女として自信のもてない自分を認めてほしかったからなのかもしれない……。

ハチドリ舎もやりたかったことではあるが、まわりから評価されたくてやっていた部分もなかったとは言い切れない。

これは裏を返せば、わたしは「誰かの役に立ってない自分には価値がない」という歪んだ認知に支配されていたということでもある。もちろんそんなことはない。自分が自分を愛せさえすれば、ありのままの自分を認めてあげられれば、こんな切迫した想いで誰かの評価など求めなくてていいのだ。

それを痛感したのが、合宿の最初に行なわれた「エンパシーサークル」というワークだった。合宿はそれぞれの肩書を明かさない状態で進行していく。どこで何をやっているかではなく、一人の人としてそこにいることが大切にされる。エンパシーサークルでは各自が順番にエピソードを話す。話し手が話している間、聞き手は静かに耳を傾け、話し終わったら様々な言葉が書かれたニーズカードのなかから「あなたが大事に思っているのはこれですか?」と感じたものを選んで、話し手に手渡す。

わたしはこのワークをやっているとき、ものすごく安全な場所にいるような気持ちになった。そして、そのうちなぜだかわからないけど泣けてきた。それはうれしいとか悲しいというのとは違う、これまで流したことのない涙だった。

別にハチドリ舎をやっているとか社会活動をやっているとか関係なく、裸の自分が受け容れられている感覚。何の虚飾もない自分が尊重され、ありのままに理解され、愛情を手向けられている実感——そのことに心が素直に反応したのだと思う。

わたしはこれまで自分の中の心のシェルターに引きこもっていたんだな……そう思った。傷つくことを怖れて鎧を着込んで、目のところだけ開けて社会を見ていたのだ。その鎧は「わたしはハチドリ舎でこんなに社会に貢献してますよ」という鎧だったのかもしれない。いいことも悪いこともフィルターを挟んでブロックしていたのだ。

しかしダイレクトに優しさが感じられたとき、自然と鎧は外れていた。だからデリケートな心があらわれて、豊かな感情があふれ出した。涙という形になって……。

そして思った。鎧を着ないと生きられない社会というのはやっぱりおかしい。わたしたちがめざさなければいけないのは、多くの人が鎧を着なくても生きられ

NVC のワークのひとつ「エンパシーサークル」で用いるニーズカード。

る社会だ。

自分が自分のことを認められない。自分のことをいちばん痛めつけてしまうのが自分である……それはいわゆる〝自己肯定感が低い〟と言われている現象だ。

特に日本の若者は自己肯定感が低いと言われているが、それははたして個々の性格の問題だろうか？　従わなければ罰せられる「こうであらねば」という社会規範が強力に存在し、同調圧力も強く、勝ち組・負け組といった価値判断が主流を占める今の社会のあり方のほうにこそ、むしろ問題があるのではないだろうか？

わたしは一時期、韓国の音楽グループ・BTS（防弾少年団）にむちゃくちゃハマっていたが、それは彼らの「LOVE YOURSELF」というメッセージに感動したところも大きい。BTSはユニセフ（国連児童基金）と共同で「LOVE MYSELF（私自身をまず愛そう）」「#ENDviolence（暴力をなくそう）」キャンペーンを行なった。そして世界中の若者に向け、国連本部で自分を愛することの難しさと重要性を訴えるスピーチをした。

自分自身を愛することと暴力追放のメッセージが一致するところは、まさにNVC的な考えに近い。

NVCでも個人が解放され、満たされることが社会の改善につながると言っている。政治家の心が平和だったら戦争も空爆も起こらない。誰もがありのままの自分を生きて、相手のニーズに共感を寄せる〝非暴力コミュニケーション〟でつながり合えたら、世間に存在する紛争の大半は解決するとわたしは思っている。

これまでハチドリ舎は社会をよりよい方向に変えるためにどうするかを中心に活動してきたが、ＮＶＣを知って以降、そこにものの見方を変えるという活動も加わった。社会に対する外向きの矢印と自分自身に対する内向きの矢印、社会課題の解決にはその両方が必要だし、人の内面が変われば社会も一緒に変わる——今はそんなふうに思うのだ。

ハチドリ舎でもＮＶＣに通じるイベントは増えている。

わたしがインパクトを受けたエンパシーサークルが体験できる「『あなたは悪くない』〜ＮＶＣに学ぶ自分とのつながり方」というイベントは定期的に開催しているし、「マインドフルネス瞑想」も毎月行なっている。

マインドフルネスとは体の感覚から心を探るもので、「あなたはあなたのままでいい」ということを瞑想を通じて心身に浸透させていくプロセスである。これも自分の解釈で物事を捉えるのではなく、ありのままを受け容れるところはＮＶＣと通底する。

さらに公認心理士・臨床心理士による「カウンセラーカフェ」の流れから、「開かれた対話でこころを軽くするオープンダイアローグ体験ワークショップ」も毎月行なっている。

オープンダイアローグとは複数人で行なう〝開かれた対話〟で、相手の話を丁寧に聴く／自分の話を聴いてもらうことで心がラクになるところがエンパシーサークルと共通する。お互い思ったことを否定せず吐き出し合うことで、これまで置き去りにしてきた自分の心を労わってあげるという効果がある。

わたしはNVCの合宿から帰ってから、まわりの人たちに「これまでしんどい想いをさせてなかった？」と勇気を出して聞いてみた。NVCの重要な教えに「勝手に決めつけて解釈することに注意を払う」というのがあって、もしもわからないことや不安なことがあれば「どう感じているか？」を尋ねることが推奨される。

一人で抱え込むと妄想と歪んだ解釈でおかしなことになりがちだけど、ジャッジを含まず正直なお願いを伝えると余計な不安は消えていく。まだ完全には慣れないけど、こうした訓練を繰り返して〝自分いじめ〟から卒業したいなぁ……と思う。

WHAT?
11

シビックプライド

不可解な広島市中央図書館移転、10時間耐久イベントで楽しく対抗。

2021年秋、広島で中央図書館移転問題が起こった。概要は以下のような感じだ。

「広島市立中央図書館」は広島市の中心部、原爆ドームすぐ北側の緑地帯の中にある施設である。建物は広島にゆかりのある作家の足跡を紹介する「広島文学資料館」や被爆に関係する資料を保存した「広島資料館」、旧広島藩主の浅野家から寄贈された古書・絵画などを保管する「浅野文庫」も含んでいて、いわゆる広島の文化的拠点といったところだ。

中央図書館は1974年開館。築50年近く経過し、建物の老朽化が進んでいる。すでに再整備は欠かせない状態にあるなかで、2021年9月、広島市は何の前ぶれもなく市議会で、近隣にある「映像文化ライブラリー」「こども図書館」とともにJR広島駅前の商業施設「エールエールA館」に移転する方針を打ち出した。

これに対して、わたしの知り合いやハチドリ舎の常連客のあちこちから「この決定はおかしいんじゃないか?」という声があがった。

まちの文化と歴史を担う図書館の未来を、そんな簡単に決めてしまっていいのか?〝平和文化都市〟を名乗るのなら、市民の意見を集約したうえで民主的に決めなければいけないのではないか? おまけに移転先のエールエールA館は築20年以上の年季が入ったもの。しかも運営しているのは広島市が筆頭株主に名を連ねる第三セクター。この強引で独断的な決定には、何か見えない力が働いているのではないか……?

店に自然発生的にいろんな人が集まってきた。まちづくりに関わっている人、メディア関係者、ブックキュレーター、ジャーナリスト、作家、広島市社会教育委員……。みんな肩書はバラバラだが30~40代の同世代ということは共通していた。

彼らはみんな図書館という知の集積場がないがしろにされている現状を憂い、それ以上に市の不透明で不誠実なやり方に怒りを感じていた。「自分たちが住むまちの未来を、こんな形で子供たちに手渡していいのか?」と憤りを抱えていた。

そんな背景から翌年4月に立ち上がったのが「ひろしまのシビックプライド(市民力)を考える会」である。シビックプライドを考える会は、市民一人ひとりがわがまちに対するシビックプライド(当事者意識に基づく自負心)を醸成することで「市政も企業も市民も、置いてきぼりのないまちづくり」を進めることを目的にしている。

もちろんわたしも会に参加した。地元の新聞・中国新聞ですら珍しく社説で「こんな決め方でいいか」と批判した市のやり方に、まったく納得できないでいたからだ。

ソーシャルブックカフェのところでも書いたが、わたしは〝知の象徴〟である本や図書館に強い敬意を抱いている。知人から、中国地方は図書館司書さんの数がとても少なく、広島県は全国でも下位に入るという話も聞いていた。世の中にヘイト本などがあふれるなか、教育の倫理性を担保する図書館を粗雑に扱うことがどれだけ危険なことか、訴える必要があると思った。

会では市に要望書を提出したり記者会見を開くなど、様々な活動を行なった。そのなかでもいちばん思い出深いのは、8月の日曜日に「どうする⁉ 〝わたしたちの〟図書館 勝手に検討フェスティバル」というイベントを10時間ぶっ続けで行なったことである。

イベントでは国内外のすばらしい図書館を紹介するほか、国際平和文化都市として図書館の果たす役割を元広島市長・平岡敬さんと対談したり、他県の図書館再生の成功例を学んだり、中央図書館館長に現在の状況を語ってもらったりと盛りだくさんのプログラムを用意した。朝の10時から夜の8時まで、リアル開催に加えて配信も行なったので準備も現場も大変だったが、それでもよくわからないテンションで乗り切った。

そもそもなんでこんな無茶な企画をやったのかといえば、メンバーと打ち合わせをしている際、「多くの人にこの問題を知ってもらうにはインパクトのあることをしないと！」「思い立ったらいつでも来られる（配信を見られる）状態にしたいよね！」「だったら10時間ぶっ続けでやっちゃうか！」と盛り上がってしまったのだ。

図書館問題は本当に言いたいことを言おうと思ったら10時間は平気でかかってしまう奥深い問題だが、それでも10時間耐久というのは常軌を逸している。それを実現してしまったのはメンバーが同年代で、ノリが共通する仲間だったからにほかならない。

もちろんこうした活動は内輪ウケの自己満足で終わっては意味ないが、しかしまず最初に自分たちが楽しむ姿勢を忘れたくないと思う。仮に難しい顔で目的を達成したとして、そこで生まれた世界というのはわたしが愛する世界じゃないと思うから。

広島市立中央図書館問題は多くの疑問や疑惑がありながら、2023年1月、エールエールA館への移転案を正式決定した。今なお市民団体から反対の声があがっているが、市は十分な話し合いの時間を取らず、粛々と幕引きを図ろうとしている。

シビックプライドの活動は結局は暖簾に腕押し、何の成果も出せなかったのかもしれない。それでも意味のあるアクションだったと思っている。

イベントには元・広島市長の平岡敬さんにも登場してもらった。

「それはおかしい」という想いを言語化して共有することで一つの運動が生まれた。最終的には跳ねつけられたが、理不尽な決定に食い下がった。おかしいと思ったら声を出す。「それおかしくないですか?」と訴える。こうしたことを繰り返すことで行政に意見することが当たり前になり、それがシビックプライドの発展につながればいい。

それにしても最近の広島市の動きはどうだろう。平和教育の教材である「ひろしま平和ノート」から第五福竜丸と漫画『はだしのゲン』の一部を削除し、G7サミットでは核抑止論を肯定、平和記念公園とパールハーバー国立記念公園の姉妹公園協定を締結、職員研修での教育勅語引用、そしてこの平和的ではない形での中央図書館移転……。

平和文化都市としてこのまちがどこに向かうのか、しっかり見張っていたいと思う。

WHAT?

12

ドキュメンタリー映画

異国の空気をリアルに感じる「百聞は一見に如かず」の力。

ハチドリ舎では月に30本近くイベントを行なっているが、そのなかの一つの要素がドキュメンタリー映画の上映会である。映画の上映は開店時から行なっていて、7年間で計176日間上映。だいたい月に2本程度のペースでやってきた計算になる。

映画館でもないのになんで映画上映なんてできるのか不思議に思われるかもしれないが、これが可能なのである。

ハチドリ舎が使っているのは「ユナイテッドピープル」というドキュメンタリー映画配給会社が運営している「cinemo（シネモ）」というプラットフォームだ。cinemoはメンバーに登録すると誰でも映画の上映会ができるシステムで、しかもオトク。通常の映画上映では一日5万円かかるところを、年間会員になれば実質月額1万円。年間24回をMAXにカタログにある70本の作品から選び放題となっている。

これはカフェなど決まった場所をもっている人にとってはありがたいシステムだ。自分のお店で映画を上映したいと思っている人には本当にオススメである。

そもそもこの破格の料金は、ユナイテッドピープルが「人と人をつないで世界の課題解決をする」をミッションに事業を行なっていることに由来する。戦争・紛争、飢餓・貧困、人権、環境問題……など、地球上にある様々な課題をドキュメンタリー映画という形で知ってもらうことで少しでも解決に寄与したいという想いは、わたしがハチドリ舎を始めた

「まず世の中の課題を知ってもらいたい」という理由とも一致する。

わたしがユナイテッドピープル代表の関根健次さんと知り合ったのは、店を始める前のこと。あるイベントで知り合い、名刺交換をして、その後にたまたま観た映画を配給していたのがユナイテッドピープルだった。

その映画は『ザ・デー・アフター・ピース』（２００８年／英）。わたしはこの映画を観て、すぐに「広島で上映会をしたい！」と思った。

映画は俳優のジェレミー・ギリーさんが「1年でたった1日でいいから、地球上に戦争のない日をつくりたい」という想いから行動し、苦難の果てに国連で「国際平和デー（9月21日）」が制定されるまでの日々を描いたドキュメンタリーである。何かアクションを起こしたいと思っている人に勇気をくれる内容で、わたし自身も「文句を言うのも高みの見物をするのも誰かのせいにするのも、〝やっている人〟がいないとできない。戦争をなくそうと動く人がいないと、その日は永遠に訪れない。そんな当たり前のことを忘れてあれこれ難しいと言って、ふてくされている暇はないな！」と大いに心を揺り動かされた。

わたしはその気持ちを関根さんに訴えて、広島市内で上映会を企画した。それが２０１４年3月。そのときは関根さんにも広島まで来てもらって、ゲストトークも行なった。

そこから関根さんとの付き合いは続き、ハチドリ舎をオープンして以降は前述したようにcinemoを使って上映会を続けている。ユナイテッドピープルが配給する映画はどれも観たいものばかりで、新作がラインナップされれば上映している。『ガザ・サーフ・クラブ』もやったし『ガザ　素顔の日常』もやった。『TERRA　ぼくらと地球のくらし方』も『グレート・グリーン・ウォール』も上映した。『医学生　ガザへ行く』はこの9月に上映した。映画は基本的には時節に合ったものというか、わたしが「今これ観たいな」と思うものを選ぶようにしている。

これまでいろんな映画をかけてきたが、そのなかでも一番を挙げるなら『コスタリカの奇跡〜積極的平和国家のつくり方〜』（２０１６年／米・コスタリカ）になる。

これは武力で平和を実現しようとする国が多いなか、外交で紛争解決することを選んだ国の物語。「軍備になんてお金をかけずに福祉に回したほうが絶対いいじゃん！」という当たり前のことをやってのけた国のストーリーである。

多くの人が軍隊解体なんて絶対無理と思い込んでいるけど、それを成し遂げた国があるという事実は「百聞は一見に如かず」でパワーをくれる。このすばらしい現実を知ってほしくて、ハチドリ舎では毎月しつこくこの映画を上映している。

いま「百聞は一見に如かず」と書いたが、わたしがドキュメンタリー映画に感じる魅力もまさにそれである。映画は誰かの報告と違って、空気や生活がリアルに感じられる。ガザにしろコスタリカにしろ、ふだんなかなか行けない遠い国の話こそ映画の力は有効だ。映画からは数分のニュース映像では伝わらない深みまで伝わってくる。

ハチドリ舎ではプロジェクターを使って上映し、その後は参加者同士で映画の感想をシェアし合う。映画というのは非日常で、さらに異国のドキュメンタリーというのも非日常で、観ている間はその世界に浸かれるかもしれないけど、電気がついて日常に戻るにしたがって観客はそこで感じたことを忘れていくものだ。

だけど映画の感想を口にしている間は、まだ

お店で毎月上映している『コスタリカの奇跡』。ぜひ観てほしい！

遠くの現実に心を重ねていられる。思ったことを口にすることで、意識や感覚の中に落とし込まれる。わたしはここで観た世界を非日常として終わらせてほしくない。だから映画の内容を語り合う時間が必要だし、そういう部分も通常の映画館とは異なるところだと思う。

見方を変えれば、ドキュメンタリー映画の上映は、ハチドリ舎の「ソーシャル〝ムービー〟カフェ」としての側面を表していると言えるかもしれない。店に置いてある本と同様、映画もまた世界に開かれた窓である。いま起こっている事件を可視化してくれる媒体。ただ伝達手段が文字と映像で違うだけだ。

どちらにせよいちばん大事なのは、知ってもらうこと、そして感じてもらうこと。ハチドリ舎は常に訪れたお客さんが〝知り、感じる機会〟をもてる場所でありたいと思っている。

WHAT?

13

コラボレーション

イベントは基本"出会いベース"。自然におもしろい人が集まってくる。

よく「月に何本もの企画、どうやってつくってるの?」という質問を受けるが、いつも〝出会いベース〟と答えている。

たとえば「京都大学の吉田寮に住んでるんです」という女性が来たときは、「吉田寮、すごく興味があって(注:京大吉田寮は現存する日本最古の学生寮。学生たちによる自治運営が行なわれている)。オンラインでいいから現状を話してもらえないかな?」と伝えてOK——というのが、いつもの流れである。

どうやらハチドリ舎は何かしらの特性をもつ人が集まる場になっていて、わたしが何かしなくても自然におもしろい人がやってくる。おもしろい人が集まるのでそれがイベントに派生し、そのイベントがさらに別のおもしろい人を連れてくる。開店して7年、今のところこの出会いベースの店舗運営は行きづまることなく続いている。

ということで、今さらだけどハチドリ舎は人でもっている。おもしろい人は世の中にたくさんいて、魅力的な人が店に来てくれる。著名な人、無名な人、東京の人、広島の人、外国の人、いろんな人……そんな人たちと一緒に楽しい時間をすごしているうちに、あっという間に7年が過ぎてしまったという印象だ。

ウーマンラッシュアワーの村本大輔さんと知り合ったのは、2019年の春だった。

そのときは前章で書いた映画『コスタリカの奇跡』の監督、マイケル・C・ドライリングさんとマシュー・エディーさんが来日していて、次回作にと考えていた日本の平和憲法をテーマにしたインタビューの相手を探していた。この映画のファンであるわたしが協力しないわけがない。ちょうどその時期、村本さんが尾道で独演会を行なっていて、何の面識もなかったけどツイッターのDMで問い合わせてみた。そしたらOKが出た。

そのときはLINEを交換しただけだったけど、3カ月後、不意に「来週ハチドリ舎でライブできませんか？」と連絡があった。それからは近くに来るたび寄ってくれて、もう村本さんの独演会＝スタンドアップコメディは30回近くやっている。これまでのハチドリ舎の最多入場記録も村本さん独演会のときの62人だ。

ご存じのように、村本さんは原発や朝鮮学校など世間でタブー視されていることを笑いに昇華している人だ。「権力を笑う」というブラックコメディのスタイルは痛快で、声なき人の声を伝えようとしている姿勢は本当にすごいと思う。

こうしてコラボさせてもらっているが、わたしは村本さんを崇拝しているわけではない。最初は「お店に有名人が来ちゃうよ！」と気後れしていたが、回を重ね、何度も飲み語っているうちに、村本さんの飾らずそのままでいる姿がとても心地いいと思うようになった。きっと村本さんも、わたしもそうしているほうが心地いいんじゃないだろうか？　だから関係性はフラット。「村本さん！　村本さん！」とならないよう気をつけている自分がいる。やっぱり対等なパートナーシップこそ、こうしたコラボには必要だと思うのだ。

それでもこれだけ一緒にイベントをやっていると、いろんな思い出もできる。村本さんのお父さんが亡くなられたときもハチドリ舎のイベントが入っていて、村本さんは悲しみをこらえてステージをやり切った。

今年公開された村本さんを追ったドキュメンタリー映画『アイアム・ア・コメディアン』でも、そのシーンは使われている。舞台が終わった後、お父さんに対して気持ちを手向けているシーンが撮られたのはちょうどハチドリ舎の下だ。

そうやって誰かの思い出の場所になっていくのか……。

あらためて場所って大切だなぁ……と思う。

『水中の哲学者たち』（晶文社刊）などの著書がある哲学研究者・永井玲衣さんとの出会いも意外なところからだった。

ハチドリ舎は広島への旅行者にガイドを紹介する仕事も行なっているが、永井さんはそこに普通に応募してきてくれた。その流れでお店に寄ってくれて、「永井さんって……もしかしてあの永井玲衣さん⁉」となった。もちろんすぐに「イベントやりませんか？」という話になった。

永井さんには今、ハチドリ舎主催の連続講座「被爆80年に向けて『ヒロシマ』を再考するシリーズ」の対談パートを担当してもらっている。ヒロシマの重みにもう一度向き合うという難しいテーマを扱うにあたり、適切な対話空間をつくりたいと思ったとき、全国で〝哲学対話〟という活動を展開している永井さんの力を借りたいと思ったのだ。

永井さんも学びに対して貪欲で、こちらのお願いを快諾してくれた。これまで「ヒロシマという言葉の前に立ったとき、どんな問いが浮かぶか？」「政治的であるとはどういうことか？」などのテーマの対話の進行をしてもらった。

哲学対話は「これが答えです」と安易に示さず、深い思考の場をつくるのが特徴だ。言葉を通じてじっくり考えを深める行為は、忙しい今の時代にますます重要だと思う。

フォトジャーナリストの安田菜津紀さんと知り合ったのは２０２１年の「すすめ！　核兵器禁止条約プロジェクト」のときだが、親しくなったのは最近かもしれない。今年4月、秩父に住む元イスラエル兵の家具職人、ダニー・ネフセタイさんを訪ねたときにも一緒になって、いろんなことを語り合った。

安田さんとは２０２３年6月、著書『国籍と遺書、兄への手紙――ルーツを巡る旅の先に』（ヘウレーカ刊）出版時にイベントを行ない、先日もドキュメンタリー映画『Not Just

Your Picture　キラーニ一家の物語』上映に合わせて取材経験を話してくれた。

わたしにとって安田さんは、村本さんに対する距離感と近い。以前から活動に刺激を受け、リスペクトがあるので、努めてフラットに接したいと意識する自分がいる。

ジャーナリストで『ポリタス』編集長の津田大介さんとは、「投票所はあっち↓プロジェクト」を『ポリタスTV』で取り上げてもらってからのご縁。その後ハチドリ舎も取り上げていただいた。ご近所同士で仲良しのフリーランス記者・宮崎園子さんが『ポリタスTV』にレギュラー出演しているので最近お会いすることが多い。

この3月には宮崎さんとわたしがゲストの『ポリタスTV』の生配信をハチドリ舎から行なった。テーマは「地方×女性×アクティビズム　その可能性、そして必要性」。5月には石丸伸二・元安芸高田市長を追いかけた映画『#つぶやき市長と議会のオキテ【劇場版】』の特集番組を、6月には香港大規模デモから5年という節目の番組を公開収録した。

津田さんは「この場所は大事だから」と応援してくれるありがたい存在だ。いつもこちらのことを気にして、定期的にイベントをやろうと言ってくれる。ハチドリ舎が津田さんや『ポリタス』にとっておもしろい地方の拠点になっていればいいなと思う。

一方、一緒にイベントをつくるのは東京の人だけじゃない。当たり前だけど店に来るのは広島の人が多いし、ふだんこの場で盛り上がるのは広島の人がほとんどだ。

広島にもおもしろい人はたくさんいるが、今回は広島代表として外科医である矢野雷太さんを紹介したい。

矢野さんの勤務する病院はハチドリ舎のすぐ近く。矢野さんは平場で医療のことを話せる場を求めてやってきた。人の生死にまつわる話が医療関係者のなかだけで完結していることに危機感を感じていたという。一方でわたしも医療関係のイベントをやりたいと思っていたので、ぜひ一緒にやりましょうとなった。

矢野さんと最初にコラボしたのは2019年12月。「死んでからのこと」というこのイベントは、医者と葬儀屋と牧師とお坊さんが人の末期について語り合うというなかなかインパクトのある企画だった。

矢野さんは病院で排便機能外来を担当する自称〝うんコメンテーター〟で、その後もオムツとトイレの特集をしたり、緩和ケア病棟で終末期患者のライフストーリーを聞く「聞き書き」の重要性を発信したり、はては「快便ナイト」という便に関するウソホントを教える講座を開講したりと、多彩なイベントを一緒につくっている。

矢野さんとどうしてこれほどコラボしているかというと、めざしている先が同じということが大きい。矢野さんはイベントの前にいつも「自分の子供が子供を産んだとき、つまり孫世代のためにより良い社会を残さないといけない」と言っている。先の未来を考えたうえで今できることをやっていく。そうした姿勢にわたしも共感するし、だから同志のように感じている。

ただ、長く一緒にやれている人に関しては、正直気が合うというかノリが合うという部分がいちばん大きい。いくら思想が近くても、1回一緒にやってそれっきりになってしまう人もいる。縁とか相性というものには素直に従って動いている。

矢野さんを含め何人かの常連さんは、もはやビールが呑みたければ自分でつぎ、帰る際にはキッチンで洗いものをしてくれるまでになっている(笑)。それに甘えてしまう自分もどうかと思うが、いま店の運営を楽しんで一緒にやってくれる人の輪はハチドリ舎を7年やってきた成果であり、わたしにとっての一番の宝物だと思っている。

WHAT?

14

ヒロシマガイド

大事なのは自分の考えや視点をもつこと。そのための学びの場をつくりつづける。

ハチドリ舎は基本、月30本程度のイベント企画とふだんのカフェ営業（夜は「ソーシャル語りBAR」としてバー営業していることも）で生計を立てているが、それ以外にもいろいろなことをやっている。その一つがヒロシマについて学びたい人のためのガイド業だ。前章で紹介した永井玲衣さんと出会ったきっかけもこれである。

ツーリストガイドは個人・団体・海外・国内、それぞれに対応している。

少人数相手の代表はボランティアガイドのマッチング＆紹介だ。広島平和記念公園内を案内する1時間コース、公園と原爆資料館を回る2時間コース、市内各所にある被爆建物を盛り込んだオーダーメイドコースなど、いくつかのコースを用意している。

わたしがよくお願いしているのは多賀俊介さんというピースボランティアの方で、多賀さんは「廣島・ヒロシマ・広島を歩いて考える会」の代表を務めるなど、このまちの歴史を知り尽くしている。以前、中・高校で社会の先生をしていたこともあって語り口が明晰で、「広島の歴史が深く知れた」と多くの方から好評である。

ハチドリ舎は平和公園から徒歩3分の位置にあるが、そこに店を開いたのは平和公園や資料館を見学した後、じっくり考える時間をもってほしいからである。情報のインプットだけでなくアウトプットもしてほしいという想いがある。だからヒロシマを訪れた方の知りたい欲を満たしたり、学びを深める役に立つのなら、できるだけのことはやりたいと思っている。

店ではボランティアガイドさんも紹介しているし、依頼があれば被爆者の方も紹介している。ただし、誰にでも紹介しているかといえば違っていて、原爆や被爆証言を観光資源として搾取しようとしていると感じた方はお断りしている。

悲しいことだが、広島を訪れる観光客や広島ツアーを企画する旅行会社のすべてが被爆の実相や被爆者の心情に真剣に寄り添ってくれるわけではない。なかには世界遺産というだけで興味をもつ人もいれば、旅先での一つのアトラクションとして被爆者の証言を入れ込もうとする旅行会社もある。そういう人たちに「どうして被爆者の方を紹介してほしいんですか？」と質問すると、まったく中身のない返事が返ってくる。

原爆の惨禍は見世物じゃないし、被爆者はあなたたちに話をするためにつらい被爆をしたわけじゃない。そんな場所に大切なガイドさんや被爆者の方を差し出すことはできない。なのでその線引きはどうしても厳密になってしまう。

一方、大人数相手の一つの例が修学旅行のコーディネートである。平和公園の案内にグループごとのガイドを手配したり、被爆者の証言を聞いてもらったり。こちらも先方のリクエストを聞いて、できることがあればなるべく対応するようにしている。

以前、企画段階から参加して、先生たちと話し合い、オリジナル平和学習プログラムを作成したことがあった。それは奈良県橿原市耳成南小学校の修学旅行で、事前に「核兵器と自分」というテーマで絵を描いてもらって、その絵を材料に「自分はその絵の中のどこにいるだろう?」ということをハチドリ舎で語り合った。このときは１００人の生徒が3グループに分かれ、入れ代わり立ち代わり店に入って大変だったが、先生たちの協力もあって充実したプログラムになったと思っている。

現在、修学旅行のコーディネートはコロナ禍で減り、今のところ復活する様子は見られない。しかしわたしは若い世代に何か伝えられる機会があるのなら、それを大事にしたいと思っている。ハチドリ舎という場所があることで香港のインターナショナルスクール生24人が来日して、「カクワカ広島」と交流をもったこともあった。

ツアーやガイドのコーディネート以外に、学校に呼ばれて直接生徒に話をすることもある。これも機会があればもっとやっていきたい。全校生徒にむりやり聞かせるのはどうかと思うが、聞く耳をもてる人には伝えたい想いがある。

かなり前だけど、広島市立舟入高校の2年生３２０人に向けて講演したこともある。わたしが講演するというと社会課題や核問題についてだったりを想像するかもしれないが、今わたしが10代の子供たちに伝えたいのは自分を大切にすることの重要性である。

舟入高校でも集まった生徒たちに、「わたしが君たちに心から伝えたいのは、みんなは生きてるだけで無条件に大切な存在だってこと。自分に自信がもてない子は、そのことを身近な人に教えてもらえなかったんじゃないかな」と訴えた。

あなたが大切だから他のみんなも大切にしなければいけないんだよ。みんなは自分らしく生きられる〝人権〟というものをもっていて、それは日本国憲法でも保障されているんだよ。でも第二次世界大戦より前の日本、特攻が行なわれていたような時代にはそれは認められていなかったんだよ……。

いきなり戦争や核問題について語られても子供たちはピンとこないだろう。そうなったら、その後の話が続かない。それより彼らにとっての〝今そこにある危機〟を起点にすることで、自分自身を大事にすることが世界を大事にすることにつながると知ってほしい。いわゆるNVC的な人権教育から被爆や世界の紛争、ジェンダーの不平等といった社会課題に展開していければと思っている。

今後は修学旅行向けのもっとちゃんとしたプログラムをつくりたいし、学生さんたちと話す機会ももっともちたい。わたしにできることは、前の世代が教えてくれたことに自分の考えや経験を付け加えて、未来を担う子供たちに伝えること。

ハチドリ舎がそうした教育の拠点になることも、店のこれからの目標の一つである。

未来を担う子供たちに、自分で考える力を身につけてもらいたい。

HOW?

どうやってハチドリ舎をつくったか

HOW?
01

物件の見つけ方

想いをもって動きだすと、
不思議とご縁がつながっていく。

2016年末、わたしは毎年誕生日(12月29日)にSNSに投稿する恒例の今年の抱負に「こんな店をつくりたいと思っています」という夢を書いた。ずっとどうしようどうしようと迷っていたけど、書いて外に出すことで自分を奮い立たせようとする気持ちもあったのかもしれない。

いろんなことをやっていて、まわりから怖いもの知らずみたいに思われているかもしれないが、自分ではめちゃめちゃビビりな性格だと思っている。お店に関しても当初は「できたらいいな〜」という絵空事というか、そもそも自分みたいな人間がお店をもてるはずなんてないと思っていた。だってわたしはお金の管理も苦手だし、計画性もないし、ものすごく雑でズボラな性格なのだ。

しかしその時期、関わる予定だったプロジェクトが飛んでしまった。自分の将来について考えざるをえなくなった。するとずっと無理だと思ってきた夢が頭をもたげてきた。

お店をやりたい……無理無理……でもやりたい……そんなの絶対無理だって……。

頭の中で強気と弱気が行ったり来たり。SNSに投稿したのはまさにそんなタイミング。様子をうかがおうとしたポストには500以上の「いいね!」がつき、わたしの背中を押してくれた。これならいけんじゃね？　自信をつけたわたしは、やっとのことで「これはもうやるしかない！」と肚をくくることができた(開店決意までの紆余曲折は「WHY?」の各章参照)。

お正月、実家の茨城に帰省していたわたしは1月10日に広島に帰ると、さっそく行動を開始した。まずは物件探しだ。翌11日、近所で飲食店をやっている知り合いに「今度お店やろうと思うんです。どこかいい物件ありませんかね?」と相談したところ、「ウチの物件を管理してる『ちゃばしら不動産』に行ってみる? ちょうどお正月の挨拶に行こうと思っていたところだから」という話に。渡りに船というか、知人の紹介ですぐに不動産屋さんがヒットした。

紹介してもらった不動産屋では聞かれるがまま物件のイメージを伝えた。さんざん迷っていたわりに、やりたい店のイメージは明確だった。

まず場所は広島電鉄の本川町電停、十日市電停、土橋電停、そして本川と平和大通りに囲まれた十日市~土橋エリア。もともと小さな店が建ち並ぶこのあたりの雰囲気が大好きだったし、なんといっても平和公園から近い。平和公園や資料館を見て回った後、気軽に立ち寄れて自分の想いに向き合える場所にしたいという気持ちがあった。

大きさ的には30人が入れる程度。テーブル席はもちろん、靴を脱いでごろごろできる場所も欲しい。あとミーティングやワークショップもやりたいので、そこそこの広さは必要だ。考えごとの参考になる本もたくさん置きたい。

だが不動産屋さんの回答は「ないですね」。まあそんな理想的な物件、こちらもすぐに見つかるとは思っていない。そうですか、もしよさそうな部屋が出てきたら連絡くださいと言って帰ろうとしたら、急に後ろから声がかかった。

「……今の話、どんなボロボロの場所でもいいんですか？」

ボロボロの場所？　その言葉は気になったが、わたしは「ぜひ！」と食らいついた。

翌12日、さっそく内見に出かけた。案内されたのは築50年以上経過した「光花ビル」。その2階の角部屋は2カ月前まで麻雀屋さんが入っていて、出て行ったまま放置されている状態だという。

「これは…………汚いね」

ドアを開けたときの第一印象はそれだった。元雀荘だけあって壁や天井が煙草のヤニでギットリしている。どこもかしこも茶色に染まり、触ったらベタベタする。窓はガタガタでエアコンも使えそうにない。がらんとした空間にカウンターだけ残っていて、床には雀卓が置かれていた跡がついている。正直、苦笑いするような物件だった。

ただ、それ以外はわたしの条件にぴったりなのだ。いちばん重視する立地に関しては、平和公園から徒歩3分の至近距離。広さも72・24平米とちょうどいい。家賃も13万円で、がんばれば払えない金額でもない。

にしても、この物件はパンチがあった。ヤニでベタつく窓1枚に1文字ずつ、「麻」「雀」「天」「和」とかつての店名が筆文字みたいなレタリングでデカデカと貼られている。その上には白地に赤で「伍萬」と「伍筒」のイラスト。なんで伍萬と伍筒だったのか？　平和カフェを夢見る身として、ザ・雀荘な物件を受け入れるには勇気がいった。

この物件の写真をリノベーション界で有名な知人に見せたところ、「前の店名のステッカーを削って足して、新しいお店の名前を『カフェ平和（ピンフ）』にしたらいいんじゃない？　雀荘は街の平和コミュニティだぞ！」というウィットに富んだリノベ案をいただいた。だがそれだとたぶんリアルに雀荘にしか見えないので丁重にお断りした。

内見のときには知り合いの一級建築士の人に同席してもらったが、もしここにするなら8枚のガラス窓を交換するのが先決だという。それにいくらかかるか聞いたら50万円！わたし、このときに手元にあったのは20万円なのに！

それが半年後、ハチドリ舎としてオープンする物件との出会いだった（最終的にはここ1カ所しか物件を見なかった……。この物件との出会いは必然だったのかもしれない）。

ハチドリ舎が入る光花ビル。当時の2階の窓には伍萬と伍筒が……

HOW?

02

お店のつくり方

手づくりにこだわった店づくり。
愛着とストーリーが生まれた。

わたしが店をつくるにあたって意識していたのは、できるところはなるべく自分の手でつくるということ。

それは予算を節約したいという理由もあるが、インドのガンジーを尊敬しているせいもあった。ガンジーパイセン（先輩）はイギリスに対する非暴力不服従の独立運動を行なうため、アシュラムと呼ばれる共同農園を設立。そこでインドの伝統的な手織布であるカディの生産を復活、推奨した。

イギリスから綿花の生産を強制され、タダ同然で持って行かれたうえ、服になったものを買うという負のスパイラル。しかし自分たちが仕事をもって自立できれば、イギリスの支配に従わなくていい。やっぱり誰かの支配を受けないためには自主独立の立場が必要なのだ。今の経済至上主義に対抗するにはできるかぎりお金に頼らない生活、つまり自分で使うものは自分でつくるという姿勢が大事じゃないかと思ったのだ。

ということで当初は店名も「喫茶ガンジー」にしようと思っていたくらいガンジーパイセンに入れ込んでいたわたしは、なるべく自分でつくるというＤＩＹ精神をモットーに店づくりを進めていった。

内装については広島県産の木材を使うと決めていた。そこでいつもの調子でFacebookに「木が欲しいです」と投稿すると、顔の広い知り合いが「木が欲しいならいいところがあるよ」と、ある場所へ連れて行ってくれた。

紹介されたのは広島市の山間部で活動する自立型林業チーム「ブンブンバウム」。彼らは管理の行き届いてない山に入り、不要な木を間伐して手に入れた間伐材を売って生計を立てているすばらしい事業所だった。

ブンブンバウムさんはめちゃくちゃ親切で「あそこに転がってる木はどれでも持って行っていいよ」と軽〜く言ってくれたが、そこに転がってる木ってホントに切り倒したばかりのナマの丸太。聞けば生木を山から切り出した後、人工なら1週間、自然なら1年ほど乾燥させないと木材として使えないらしい。それじゃあ店の開店に間に合わない。

それにしても、木が欲しいとは言ったけど原木はちょっと……ていうか、わたしカフェをつくるはずなのになんでこんな山奥にいるの？　DIYで手づくりするって、こういうところからやらないとダメなの？……

ガンジーパイセンも真っ青な状況に大笑いしながら、結局はブンブンバウムさんに、これまた想いをもった「一場(いちば)木工所」さんを紹介してもらった。広島県北の三次市にある一場木工所に行くと、会社はすべて女性で運営されていて、「山で働く人たちと使い手の人たちをつなぎたい」と熱い想いを語ってくれる。

値段的には輸入材より高くなるけど、やはりこうした志をもって活動している人たちを応援したい。こうして木材は一場さんにお願いすることにした……って、一事が万事この調子なので、作業効率が悪いことこの上ない。しかし一つひとつ自分で見て、動いて、会って、話して決めているので、すべて納得できるし楽しくて仕方ない。

手づくりによるお店づくりは、内装以外の面にも及ぶ。

現在ハチドリ舎で使っているコーヒーカップは広島市北部の可部(かべ)にある「縁が和」という交流スペースでの陶芸教室でつくったもの。

お店をつくるにあたってわたしがよく使った手法に〝ワークショップ化する〟というものがある。ものづくり自体をイベント化して、楽しんでしまうのだ。

縁が和さんの場合は、参加費無料のコーヒーカップづくりワークショップを企画した。無料で陶芸できるけど、つくったカップはこちらにくださいね、というイベントである。参加者はタダで陶芸が体験できてうれしい。こちらはカップをもらえて助かる。そういう双方が笑顔になる仕組みをつくって、なるべく手づくりにこだわるようにした。

このワークショップ化の手法は他でも使っていて、たとえば店の本棚づくりも壁のペンキ塗りもワークショップ化して、Facebookで参加者を募集した。最終的にはのべ１００人近くが手伝ってくれたのではないだろうか。

コーヒーカップにしても、成型したり釉薬（ゆうやく）を塗ったりと作業は1回で終わらないので、全部で4回ワークショップを開催した。そのつど参加してくれる人も違うので、ハチドリ舎のカップは成型する人と絵付けをする人が異なるユニークな仕上がりになっている。

店のテーブルと椅子に関しては、その陶芸教室の帰りに「可笑屋」という古民家カフェでランチを食べているとき、切り出した木の板をそのまま活かしたテーブルが素敵なことに気がついた。

店の人に「これどこで買ったんですか?」と聞くと近所で木工教室を営む金市ひろしさんを紹介してくれた。そこに行って「手づくりで椅子をつくりたいんです」と言うと「じゃあここに通ってつくったらいいよ」と言ってくれた。結局わたしはそこに通って椅子を9脚つくり、テーブルを購入した。これも偶然の出会いから生まれた内装である。

手づくりによる店づくりは予算削減という利点もあるが、それ以上にディテールの一つひとつに愛着と物語が生まれるよろこびがある。みんなで塗った店の壁、一つひとつ異なるコーヒーカップの理由……結果的にだけど、店に来てくれたお客さんに語れるストーリーがあるというのは、とても豊かなことなんじゃないかと思う。

お店で使ってる椅子はわたしの手づくり。
板も自分でカットした！

HOW?

03

お金の工面の仕方

自己資金20万円からのカフェづくりスタート！

今回は誰もがぶち当たる大きなハードルである資金について書こうと思う。

前にもチラッと書いたが、お店をやりたいと思ったとき、わたしの所持金は20万円ぽっちだった。「20万円からのスタート」と書くとなんかカッコよく見えるが、手元にあったのはそれだけ。よくそれでお店をやろうなんて思ったものである。

わたしは数字に弱くて、お金の計算はもっとも苦手なジャンルの一つだ。それを象徴するエピソードがある。

元麻雀屋の物件を見に行った後、まずは改装コストにいくらくらいかかるか見積もりを出そうと、「こんな感じかな?」と店の図面を書いてみた。素人のわたしが書いた適当なものだが、とりあえずこれで費用の概算を算出しようと考えたのだ。

それを知り合いが紹介してくれた大工さんに送ったのだが……今ならそれだけで見積もりが出せるわけがないのはよくわかる。

なぜなら、壁は何で仕上げるのか?　どんな材を使うのか?　天井は抜くのか付けるのか?　照明はどうする?　エアコンは?……こうした一つひとつで何をチョイスするかによって、改装にかかる金額は大きく変わるからだ。

だから通常リノベーションなどの現場では「これでいくらかかりますか?」という形で見積もりは出さない。最初に聞かれるのは「予算はだいたいいくらくらいで考えてます?」

ということだ。最初に予算ありき。そこから逆算して材やモノを選び、「これをやったらお金がかかるので、じゃあここはこの程度にして、こっちをがんばりましょう」といった調子で作業範囲を定めていく。

わたしはそんなことも知らず「安いなら安いほうがいいんで、これでいくらになるか教えてください！」というノリで見積もりが出せると思っていた。

そんな世間知らずで数字オンチのわたしが、どのようにしてお金を工面したのか。

最初は見積もりのところで指摘されたように、全体の予算をいくらにするか考えた。

これに関しては2月から「ひろしま創業サポートセンター」に通い、事業計画書をつくったことが役に立った。創業サポートセンターは「創業サポーター」と呼ばれる専門家集団の人たちが24時間無料で相談に乗ってくれるありがたいサービス。そこでわたしはどのようにして事業を進めるか、事業コンセプトや損益計画、将来の目標やビジョンなどを書面に落とし込んでいった。

わたしはお金の計算と同じくらいこうした書類の作成が苦手なのだが、サポーターの方のおかげでスムーズに事業計画書をつくることができた。創業支援に関しては広島商工会議所など他にも行なっているところがあるので、ぜひ活用をオススメする。

その事業計画書をつくる際に、店舗設営にかける予算を600万円と設定した。内訳は

不動産取得費1000万円、改装費4000万円、運転資金1000万円。

その6000万円をどうやって調達するか？

わたしは以前、広島の平和イベントを検索できるアプリをつくるため、制作資金40万円をクラウドファンディング（以下CF）で集めた経験があった。だから今回もCFを活用しようと考えた。さすがに6000万円全額は厳しいので、目標2500万円にした。

CFをやるにあたって最初の難関は、実は100種類近くあるCFサイトから何を選ぶか。わたしが気にしたのは「どれだけたくさんの人の目に触れられるか？」と「手数料が安いこと」。手数料のいちばん安い「CAMPFIRE」を選択した。

サイトを決めて次に行なうのは、サイトに載せる文章づくり。ここでいちばん大切なのは〝熱意・信念・信頼〟。わたしには「現在進行形の社会課題について自由に語れる場が必要だ！」という暑苦しいくらいの熱意はあったが、それを文章と写真と動画を織り交ぜて伝わる形にしなければならない。そしてよりたくさんの人たちに共感してもらわなければならない。

これがいざ始めてみると難しい。しかも1000万円を超えるファンディングは初めてなので、なかなか筆も進まない。

そんなとき、「鹿児島の廃校で、家もつくれる日本最大の工房＝『ダイナミックラボ』を建てる」というＣＦで６００万円近く集めることに成功した友人・テンダーのことを思い出した。彼に連絡して途中まで書いたテキストを読んでもらった。

「よいね！　でもちょっと自分のストーリーのウェイトが高いかな。ビジョンに絡めた実例を出すと説得力が増すよ」

「サイトトップには動画を入れるべきだね」

「応援メッセージをもらって掲載するといいよ」

何事も経験者に聞くのが一番の近道。これはＣＦに関してだけではないが、とにかく必要なのは人脈だ。自分のチャレンジを伝えられる友人がどれだけいるか？　自分に足りない部分を補ってくれる人がどれだけいるか？　それでプロジェクトの成否は、大げさじゃなく天国と地獄くらい変わってくる。

テンダーのアドバイスを受けて「誰かオープニング動画つくってくれないかな」とまたもやFacebookでつぶやくと、親切にも「映像をファンディングするよ」と言ってくれる人が現れた。映画監督の田中トシノリくん（尾道市在住でドキュメンタリー映画『スーパーローカルヒーロー』などを監督）。

ＣＦサイトをつくったことで多くの方が支援をくれたが、お金以外でファンディングしてくれた方もたくさんいた。ある人は木工技術と作業をファンディングしてくれ、ある人はベーグル解凍用のヘルシオをファンディングしてくれ、カレー好きな知人は「ココナッツを使ったチキンのキーマカレーがいい」というわたしのリクエストに応えてお店で出すカレーのレシピをファンディングしてくれた。応援メッセージ動画を送ってくれた人もいるし、テンダーのように知恵と助言をファンディングしてくれた人もいる。

そう考えると、CFで得られるのはお金だけじゃない。想いに共感して応援してくれる〝元気玉〟のような優しくてあったかいエネルギーもある。そのエネルギーはカフェづくりを進めていくうえで大きな力の源になった。

多くの愛情を受けて実行したCFで最終的に150万円が集まった。そこにわたし個人への直接の寄付100万円が加わった。計250万円。だが目標予算は600万円なので、あと350万円足りない。

それに加え、8月6日の広島原爆忌までにはお店をオープンしたいと思っていたので、逆算すると4月末に物件を契約して、5月から工事を開始しなければスケジュール的に間に合わない。しかしCFの入金は6月以降になるという。

どう考えてもこれでは8月オープンは無理……わたしは実家に電話をかけた。

「もしもし、お母さん？　この前話した構想を実現することにしたんだけど、物件契約に

１００万円必要で。絶ッ対に返すから貸してもらえないかな?」

肚をくった娘の様子に、母は「うん、わかった」と快諾してくれた。その後、お金が返せることになって連絡すると「いいわよ、返さなくて」と一言。わが親ながらなんてカッコイイのだろう。実家は工場を経営しているので起業に対する理解があるとはいえ、それでも「いいわよ、返さなくて」はすごいと思う。高校卒業の際、希望した専門学校への進学を「お金がない」という理由で見送らせたこともあって、「お金があるときには出してあげないとね」と言っていたのを憶えている。

そのお金で物件は取得できたが、次は改装費の４００万円が必要だ。わたしはＣＦをやって足りないぶんは日本政策金融公庫で借りようと思っていた。日本政策金融公庫でお金を借りるには事業計画書と見積書がいる。

再びひろしま創業サポートセンターの助けを借りて4月上旬に融資を申し込み、5月上旬に面談、そして5月25日に７００万円の融資が受けられることが決定した。ありがたいことに創業支援関連なので金利もかなり低い。

ちなみにこの時点でわたしは物件契約を済ませ、内装工事もスタートさせている。いま振り返ると融資が決まる前によく工事を始めたなぁと思う。もし融資が下りなかったらどうしたんだろう? 迷いなく進む姿勢が、見えない力をくれたのだろうか?

結局CF150万円、直接寄付100万円、親の援助100万円、融資700万円で計1050万円を調達した。予算が600万円なので、かなりゆとりも生まれた。なので壁を塗る塗料は自然塗料にしたり、木材もちょいお高めの広島県産の杉の間伐材を使ったり、こだわれるところはこだわった。総費用は700万円になった。

以上が資金の話。「自己資金20万円でもカフェがつくれる!」と豪語したいところだが、少し特殊なところもあるし、みなさんの参考になるだろうか?

HOW?

04

開店準備の進め方

大事なのはまず聞いてみること。
思ったよりもみんな優しい。

ハチドリ舎をやると決めた２０１７年1月以降、わたしは事業計画書をつくったり、クラウドファンディングを行なったり、内装に使う木材を求めてなぜか山の奥地に分け入ったりと慌ただしく走りまわった。お店なんかやったことがない素人がなけなしの予算でカフェをつくろうというのだ。しかも原爆忌である8月6日にはオープンしたいと決めていたので、どう考えても時間がない。正直、むちゃくちゃなペースである。

ただ運がいいことに、走りはじめてからは大きなトラブルは起きなかった。走りはじめるまではさんざんうじうじ悩んでいたが、カフェを開くと宣言し、肚をくってから物事は一気に動きだした。とにかくもう、やるしかない。わたしのなかの弱気は消し飛び、そこからは行動するのみだった。

物件取得や内装などハード面の準備を進めていく一方、2月からは知人の飲食店でアルバイトを始めた。今さら言うのも恥ずかしいが、わたしはカフェをやりたいと言っておきながら飲食業の経験がほとんどない。まずは現場がどんな感じか、オペレーションを体験してみることにした。

3月はお店をやるというのはどういうことか、先輩たちに話を聞きに行くリサーチ月間にした。店主としての心がまえや参考になる情報を教えてもらおうというのである。

最初に行ったのは、写真家でありながら広島港の近くで「ライフマーケット　ハーバークラブ」という複合施設をやっている元圭一さんのところ。

元さんは忙しいのに相談に乗ってくれ「や〜、僕もすごい借金したんよ。がははは！」といろいろ教えてくれた。わたしが驚いたのが「こんな素敵な物件、どこで見つけたんですか？」と聞いたら「アパマンショップ！」という答えが返ってきたこと。元倉庫をリノベーションしたオシャレすぎるお店を、街中の不動産屋さんで見つけるなんて！

「お店はやりたいようにやったらいいんよ。いろんな人がいろんなことを言うけど、大事なのは自分の直感。それを信じて楽しくやるのが一番よ！」

元さんの明るさは、知らないことだらけで少し自信を失くしていたわたしに大事なことを思い出させてくれた。そうだ、わたしにはつくりたいお店のイメージがあったのだ。

知り合いのお店を訪ねるといろんなところが気になって、とにかく質問しまくった。広島の横川地区にある古本屋バー「本と自由」では、お店にあった台下冷蔵庫が目にとまった。台下冷蔵庫とは作業用テーブルと冷蔵庫が一体になった什器のこと。

「やっぱり台下冷蔵庫はいりますよね。これって30〜40万くらいですか？」と聞くと、

「いや、これはネットで中古で1万5000円で買ったんよ」

と驚くべき答えが返ってきた。そんな激安で手に入るなんて！

先輩店主に話を聞くことはわたしにとって心の安定につながった。店に行って話をする

と、人を紹介してくれたり必要なモノを安く譲ってくれたりする。それによってお金もそんなにかからないかもと思えてきた。そして何より実際に店をつくった彼らの楽天的な考え方やいい加減さ（いい加減は実はポジティブな言葉デスからね・笑）に触れることで、大きな勇気をもらうことができた。

そう、カフェをやるうえで大事なのが「まずは聞いてみる」ことである。

カフェをつくるため、わたしは初めて行った店でも「これいくらです？」とずうずうしく質問した。自分のイメージに近い店があれば「こういう感じの店をやりたいんですけど、どこの業者さんに頼んだんですか？」と尋ねてみた。

照れ屋の人は敬遠するかもしれないが、聞くというのは重要な行為だ。それは依頼やお願いとは違う。ただ話をするだけ。「この人、ずうずうしいな」という印象は引き受けなければいけないが、それがつながりを生んで、有益な情報をもらえることもある。

わたしはこの率直さのおかげでやってこれたと思う。それは「人は基本的に優しい」という人に対する信頼があったせいかもしれない。わたしがお話した方で、そこまで冷たい人はいなかった。世の中は「あなた、なんなんですか！」って人ばかりじゃないのだ。

4月にはクラウドファンディングを開始し、4月末に物件契約。5月のGWからいらないものを撤去し、内装工事に入った。それと同時に日本政策金融公庫の申し込み、お店のロゴの作成、飲食店営業許可証の取得、スタッフTシャツ用の藍染ワークショップ開催……やるべきことは山ほどある。開店までは本当に大忙しだった。

これはやり終えたから言えることだが、やってみると心配していた問題は意外とスムーズに解決して、結局大変だったことやトラブルはなかった。「もうダメかも、やばいかも……」といったサイアクの事態には陥らなかった。

すべてが「あ、いけた」「いけた」「いけた」の繰り返し。わたしは意外と慎重派なので最初は「ちょっとやってみようかな……」程度で始めるのだけど、それがスルッと通ってしまう。すると「じゃあ、あれもやってみようかな……またいけたよ！」となる。

いわばスモールステップの積み重ね。〝やってみ

オープン直前、手伝ってくれたみんなと記念撮影。ただただ感謝！

る〟と〝聞いてみる〟でたいがいのことは片づいたんじゃないだろうか。むしろ目の前のことを一つずつ解決することで、一歩ずつ夢に近づいていくよろこびを感じることができた。飲食店営業許可をもらうための保健所の検査を受けたのがオープンの2日前。ギリギリの日程だったけど、それもなんとかクリア。そして２０１７年7月26日、ハチドリ舎は晴れてグランドオープンした。

初日の関係者向けセレモニーには、店づくりに協力してくれた約50人の仲間が集まってくれた。ハチドリ舎は多くの人の手でつくられた。それは一人ひとりわたしが直接関わり、お願いした人ばかりで、それだけでもこの店は貴重なストーリーに包まれているのだった。

HOW?

05

運営の仕方

自分たちが快適でいられる
環境を第一に、営業時間変更。

２０１７年7月26日にハチドリ舎はオープンした。

わたしは個人事業主という形でお店を運営している。それは7年経った今もそうで、会社組織にはしていない。

お店は最初から基本自分一人で運営しようと思っていた。自分が厨房に立ち、自分で料理をつくり、自分で出す。イベントのブッキングもするし、食品の仕入れもする。お金の計算もする。わたしは常にお店にいて、もし足りない部分があればアルバイトに手伝ってもらう。そういう形態を考えていた。

しかしさすがにオープニングはそうもいかない。オープニングスタッフとして3人に声をかけて店に入ってもらった。そのうちの1人が今も一緒にお店をやっている、せとまゆこと瀬戸麻由である（ヘンな表現・笑）。あとの2人は期間限定の約束だったのでしばらくしたら卒業し、新しいアルバイトを募集した。

しかし働きはじめはいいものの、しばらくすると問題が起きたりコミュニケーションがぎくしゃくしたりして長続きしない。

わたしはお店を始めて、人を雇うことの難しさに直面した。これまで人に仕事をお願いしたり、業務上の指示を出すことはあったが、ここまで付き合いの難しさを感じることはなかった。

これまでと何が違うんだろうと考えると、今回はわたしが〝雇用主〟だということに気がついた。ハチドリ舎はわたしが自分のやりたいことをやる場であり、わたしがお店のルールを決める。つまりわたしは雇用主としてパワーをもっていて、アルバイトの人との間に上下関係が生まれていた。けれども、わたしは人の上に立って指導するような立場はまったく好きじゃない。ただ一般的に雇用主はそういう役割を求められがちで、「みんな自分で考えて行動してほしい」というわたしの考えは理解されにくかったと思う。

このときのわたしはお店を始めたばかりで、肩に力が入っていたのだろう。NVCを学ぶ前だったので、相手の背景を考える余裕もなかった。

やがてわたしは〝人を雇う〟ということに疲れてしまった。それはせとまゆも一緒のようだった。せっかくアルバイトを入れて仕事を教えても、長続きせず辞めてしまう。その繰り返しに彼女も疲れていた。

お店を始めて半年後、わたしたちは方針転換を決断した。もうアルバイトを入れるのはよそう、ひとまずわたしたち2人で回せる範囲で店をやろうと決めたのだ。

もともとハチドリ舎は、休みは火曜日のみ、営業時間は毎日11時〜18時半、平日もランチを出すというスタイルでやっていた。だが半年営業して、平日のランチ利用が少ないことがわかった。それもあって休みを毎週月・火曜に増やし、平日の営業開始を15時からに変更した。平日のランチ提供も取りやめた（この営業時間は今も続いている。ただし被爆者の方と交流できる「『6』のつく日」は曜日に関わらず11時から営業）。

この決断は自分的に大きかった。最初に決めたプラン通りだと、わたしとせとまゆの他に最低もう1人雇わなければならない。しかし発想を変えて、わたしとせとまゆの2人がいれば店を回せる体制にした。営業時間に自分たちを合わせるのではなく、自分たちが快適でいられる環境を第一に営業時間をつくりなおしたのだ。

アルバイトが定着しなかったのはつらい経験だったが、見方を変えればそれはわたしに大事なものが何か考えさせてくれた。この場所はお客様のためにあるのではない。やっている自分たちが幸せじゃないと、お店に来てくれる人たちも大事にできない——それを自覚させてくれるいい機会になった。

せとまゆのおかげもあると思うけど、彼女とは衝突することなく、7年間ずっと一緒にお店の運営を行なっている。

せとまゆはシンガーソングライターとして活動していて、ハチドリ舎のスタッフ以外にも平和公園のガイドを行なったり、英語の通訳を務めたり、いろんな才能を発揮している。「カクワカ広島」のメンバーでもある。

　せとまゆもピースボートに乗った経験が3度あり、わたしは一緒に乗ったことはなかったが時々会って話す間柄だった。ハチドリ舎の準備をしているとき、「手伝いに行っていいですか?」と言ってくれ、壁のペンキ塗りを一緒にやった(ちなみにせとまゆが塗った部分は〝瀬戸の白壁〟と呼ばれている・笑)。そしてそのまま「ここで働かない?」と誘い、今日まで一緒にやっている。

　どうしてせとまゆとは一緒にやれているのか?

　きっと感覚のベースが似ているのだろう。大切にしていることや許せないこと、繊細さの感覚が近いのだ。その一方で、せとまゆはマニュアル作成などわたしが苦手な部分を得意にしている。開店前にやらなければいけないことをリスト化したり、料理のレシピをまとめたり。イベントの現在状況がわかるフォームをつくってくれたのもせとまゆだ。いい加減で思いつきで行動するわたしは、しっかり者のせとまゆに助けら

お店は基本せとまゆ(右)と2人で回す。
無理しないスタイルに落ち着いた。

れている。

似ている部分もあり、違う部分もあり。簡単に言えば、わたしとせとまゆは相性がよかったのだろう。年齢が一回り近く違うのも、ちょうどよかったのかもしれない。

店には基本的にわたしかせとまゆのどちらかがいるので、すでに彼女はハチドリ舎の顔である。今日まで7年、二人三脚でお店をやってきたように思われることもあるが、わたしは彼女をハチドリ舎という場所に縛りつけたくない。

それは彼女のことを大切に思うから。個として尊重しているから。せとまゆがせとまゆらしく生きられるように、今後もハチドリ舎を活用してくれればいいと思っている。

HOW?

06

イベントのつくり方

イベントは自分が知りたいこと、学びたいことをやっているだけ。

ハチドリ舎は現在月に30本近くのイベントを開催していて、その企画への参加費が主な収入源になっている。

イベントを企画するうえで大事にしているのは〝差〟を埋めること。

過去の凄惨な戦争や紛争、虐殺、奴隷制度、貧困、人種差別……すべてに通底しているのは差別心だと思う。なぜならこれらすべてにおいて、人間一人ひとりがもっているはずの〝生きる権利〟が踏みにじられているからだ。

差別心というのはやっかいで、憶測や噂を鵜呑みにするだけで簡単に持ちえてしまう。だからこそ出会って知る、学び知ることが大切になる。知ることで人は優しくなれるし、そんな優しい社会に自分も身を置きたいと思うから。

ということで今やすっかり「ハチドリ舎といえばイベント」というイメージがついているが、店をつくりたいと思った当初からイベントはたくさんやりたいと思っていた。最初はそこまではできないだろうけど、いずれはイベント一覧表を載せたカレンダー形式のインフォメーションを毎月発行して……と過去の記憶をたどりながら当時の資料を見直したら、オープン翌月の２０１７年8月、すでに13本程度イベントをやっていた。

●8月5日　広島在住の詩人アーサー・ビナードさんによるトーク「トランプ大統領、広島訪問⁉︎」

●8月6日　長崎を拠点に平和活動を行なう林田光弘さんによる「核兵器禁止条約と僕らにできること」
●8月6日　クラウドファンディングのときもお世話になったテンダーによる「お金に頼らず豊かに暮らすテンダーのおはなし」
●8月9日　長崎の平和記念式典を中継
●8月15日　終戦の日企画
……

それが9月には月15本になり、11月にはイベント一覧表を作成している（この月はイベント17本）。こうして見ると、お店は開店当初から精力的にイベントをやってきたんだなと思う。

開店してすぐにこれだけの数のイベントができたのは、これまでの交友関係やつながりが大きい。わたしはハチドリ舎を始める前にも映画上映会やトークショーを企画したり、主催イベントを行なってきた経験がある。店をやりたいというアイデアがひらめいたときも、すぐに「あの人を呼んでこんなイベントがしたい」「この人とこんなイベントがしたい」と具体的な構想が浮かんだ。最初からスムーズにイベントができたのは、そうしたわたしの知りたい欲と経験と人脈が最大限に活きたからだろう。

お店のイベントは基本的にわたしとせとまゆの2人でつくっている。

ミーティングは毎月10〜15日の間に行ない、翌々月のイベント企画についてアイデアを出し合う。たとえば9月10日のミーティングでは「11月のイベントどうしよう?」という話をする。これを開店から定期的に続けている。

イベントを2人で全部つくっていると言うと驚かれることもある。「よくそんなに企画思いつくね。企画で煮詰まることはないの?」と。

イベントに関しては、今はだいたい半分が毎月行なっているレギュラー企画、半分が単発という構成なので、毎月ゼロから30本の企画をつくらなければいけないわけではない。知り合いからの持ち込み企画もあるし、ライブをやらせてくださいという会場貸しの依頼もある。カクワカなど関係が深い団体もあるし、「こういうおもしろい人がいるよ」という紹介もある。最終的にはそれら全部をひっくるめてスケジュールを埋めていく。だから無理してイベントをつくっているという感覚はまったくない。

会議も別に「月に○本は案を出さないといけない」というノルマがあるわけではない。「企画つくらなきゃ!」というプレッシャーがあるわけでもない。ただ2人で話をしていたら、常になんらかの企画ができあがっていく。

話すのはお互いの最近気になることだ。今であれば、平和公園内に建てられた「G7広島サミット記念館」、呉の日本製鉄跡地に複合防衛拠点を建設するというニュース、ガザ地区で起きている紛争……。

そこから企画が動きだす。それってどういう意味があるんだろう？　どうしてそういう方向に話が進んでいるんだろう？　それをイベントにしたら、誰にどんなふうに役に立つんだろう？　誰に話をしてもらおうか？　……

企画の出発点はいつもわたしたちの関心事・問題意識で、そこから具体的な内容や見せ方について検討する。わたしたちに〝興味のあるものがない〟状態はなくて、世の中は常に動いていて、不条理な事件が起こったり、よからぬ動きが発生したりしている。

そう考えると、ハチドリ舎が企画のネタに困らないというのは、この世界に常に解決しなければならない課題があって、心が平安でいられることが少ないからかもしれない。それはそれで困ったことだなという感じもするが。

せとまゆとのミーティングでは、そうした関心事を忌憚なく出し合い（つまりフツーにしゃべっているだけ）、「どうしたら本質的な対話になるか？」「こういうタイトルで打ち出したほうが幅広い層に届くかも」とブラッシュアップを重ねていく。

たった2人だけの企画会議でここまでやってこれたのは、わたしとせとまゆの問題意識が重なっていることと、「これって多くの人が知ったほうがいいよね」という感覚を共有できているからかな、と思う。

そう、基本的に世にあまたあるイベントとハチドリ舎の何がいちばん違うかというと、わたしたちは誰かのためじゃなく、自分たちのためにもイベントを行なっているということだ。わたしたちは自分たちが知りたい、学びたいと思うものをイベントとして企画している。自分たちが興味あるのだから、きっと同じように興味ある人もいるだろうと思って企画をつくっている。

一方、広告会社やイベント会社はマーケティングを駆使して、どれくらいお客さんが来てくれそうか弾き出す。なるべく多くのお客さんが集まるイベントを企画しようとする。しかしわたしたちにとって集客の優先度は低い。社会にいい影響を与えると思えることを、なるべく多くの人と共有できればいいなと思っている。たとえ集客が少なくてもそのイベントが失敗とは思わないし、伝えたいことが必要な人にしっかり届いて、大切に持ち帰ってもらうのが好きなのだ。

だからだろうか、わたしはイベントをやってもあまり大変だと思わない。自分の好きなことが知れて、自分の会いたい人に会えるのだから楽しいばかりだ。


最近はハチドリ舎のことを知って「イベントをやらせてください」と企画を持ち込んで

くれる人もいる。それはありがたいけど、何の企画でも受け入れるわけではない。あまりに商業的だと感じるものや、スピリチュアルな世界に傾きすぎているものはお断りしている。あと困ってしまうのは「こういう企画やってくださいよ!」という提案。やりたいことがあるのなら協力するけど、何もかもこちらにおんぶにだっこという人とは一緒にできない。やろうとしていることが社会にどれだけプラスになるかという点も、社会課題の解決をテーマにしているカフェとしては見逃せない。

イベントをやるとそこにおもしろい人がやってきて、さらにその人と新しいイベントをつくりたくなる。イベントで一つ学ぶと、さらにその先のことが知りたくなって、次のイベントをつくりたくなる——という意味で限りがない。おもしろい人との出会いが続くかぎり永久ループでやっていけると思うし、わたしたちの問題意識や知りたい欲が錆びつかないかぎり、永遠にやりつづけるのだろう。

わたしたちは自分たちが興味をもっている内容を一個一個、実直にイベントに仕立てているだけ。そこに人が来るかどうかで評価するのではなく、少人数でも「ああ、参加できてよかった……」と胸をいっぱいにして帰る人の心の栄養になったり、次のステップにつながったりしたら、こんなにうれしいことはない。

Social Book Cafe ハチドリ舎 8月イベント一覧

★平日は15:00～OPEN／土日祝&6のつく日（6.16.26）は11:00～OPEN
★おやすみ：7日、8日、13日、14日、15日、18日～21日、27日、28日

日付		時間	イベントタイトル			一言紹介	主催	参加費
ソーシャル語りBAR			■8/1(木)18:00～23:30 ■8/2(金)18:00～23:30 ■8/12(祝)18:00～23:30 ■8/16(金)18:00～23:30			政治の話だって宗教の話、社会問題についてどう思っているか？って話は、どんどんした方がいい。そうやって社会ってアップデートしていくものだと思う。普段はちょっと言い難いことも、ここなら話せちゃう気がねなく社会ごとを語れる酒場です。	ハチドリ舎	参加無料！ FOOD・お酒・ドリンク ご注文ください
3	土	19:00- 22:00	相談・対話	店内のみ	セクマイBAR （セクシャルマイノリティBAR）	性っていろいろ！セクシャルマイノリティー（性的少数者）たちと、性についての疑問や悩み、あれこれ自由に安心して飲みながら語り合いませんか？性別も考えも本当に多様だな～と実感することができて、どんな自分でもいいんだ！と思える楽しい場です。だれでも参加できます！	こころいろ hiroshima × ハチドリ舎	参加無料 要ドリンクオーダー
4	日	18:00- 21:00	相談・対話	店内のみ	「あなたは悪くない」NVCに学ぶ自分とのつながり方	悲しみや怒りなど"ネガティブ"といわれる感情に蓋をして、"ポジティブ"といわれる感情に無理やり自分を押し込んでいませんか？NVC（Nonviolent Communication＝非暴力・共感コミュニケーション）の表現方法を使って、今自分の中にあるものを見てみませんか。	朝岡たかこ × ハチドリ舎	店内：2,000円＋1drink
5	月	11:00- 17:00	相談・対話	店内のみ	ピースプレイヤーズカフェ ～実践者の話が聞ける一日～	原爆のこと、戦争のこと、実際に活動している人に話を聞いてみませんか？ ハチドリ舎の安彦・せとまゆ・カクワカ広島メンバーと一緒に、時間内いつでも少人数で身近にお話しませんか。	ハチドリ舎	参加無料（申込不要） 要ドリンクオーダー
5	月	19:00- 21:00	講演・トーク	店内& オンライン	女性国会議員 × GeNuine × カクワカ広島と考える 「核問題とジェンダー」	時に"力の象徴"のように扱われる核兵器、意思決定プロセスに女性や性的少数者がほとんど入れておらず男性の割合が高い安全保障の議論の場、ヒバクシャとして生きる上でのジェンダーによる不均衡な影響…核問題とジェンダーは根深く関わっています。女性国会議員の皆さんと一緒に、核問題とジェンダーの関わりについて、日本の核政策をどのように転換していくかについて考えてみませんか。登壇予定：福島みずほ議員、くしぶち万里議員、塩村あやか議員、田村智子議員、GeNuine徳田悠希さん、カクワカ広島メンバー。	カクワカ広島 × ハチドリ舎	店内：1,500円+1drink オンライン：1,500円
6	火	8:00- 8:50	講演・トーク	店内のみ	広島 平和記念式典 中継	広島市の平和公園にて行われる平和記念式典（広島市原爆死没者慰霊式並びに平和祈念式）を、ハチドリ舎にて中継します。	ハチドリ舎	参加無料（申込不要） 要ドリンクオーダー
6	火	9:30- 17:00	講演・トーク	店内のみ	Talk with A-bomb Survivors 「6」のつく日 語り部さんとお話ししよう！	★基本的には予約制で行なっています。 「6」のつく日は語り部の方にカフェに滞在いただいていますが、しばらくはzoomでも行います。大勢に対して語る証言会ではなく、小さな規模で直接お話しすることで、原爆を身近に感じることのできる機会としています。	ハチドリ舎	参加無料 要ドリンクオーダー
6	火	19:00- 21:00	講演・トーク	店内& オンライン	ハチロクの夜に考える、「せんそうって」 永井玲衣さん×八木咲さん×斉藤とも子さん×ハチドリ舎	自分につながる「せんそう」について考え、言葉や表現にし、誰かと伝え合うこと。節目の日に限らずそうした語らいを日々している人も、普段はそうした語らいと距離があるという人も、8月6日の夜だからこそ、集って一緒に話してみませんか。哲学者の永井玲衣さん、写真家の八木咲さん、俳優の斉藤とも子さん、ハチドリ舎メンバーと、会場に来た皆さんで一緒に作る対話の場です。	八木咲 × 永井玲衣 × ハチドリ舎	店内：2,000円＋1drink （学生：1,000円+1drink） オンライン：1,500円 アーカイブのみ：1,000円
7	水	18:15- 19:45	ワークショップ・特別企画	店内のみ	ST太極拳（楊式太極拳） ～気を整えて、心と身体を楽にしよう～	★6人限定・店内開催★身体に無理をかけずゆったりな動き。はじめての方でもみんなで楽しく出来る、本格的な太極拳です。【講師】ST太極拳の並川努(並川鍼灸治療院 院長）さんとのコラボ企画！	ST太極拳 × ハチドリ舎	店内：2,000円+1drink
9	金	10:45- 11:45	講演・トーク	店内のみ	長崎 平和祈念式典 中継	長崎市の平和公園にて行われる長崎原爆犠牲者慰霊平和祈念式典を、ハチドリ舎にて中継いたします。	ハチドリ舎	参加無料（申込不要） 要ドリンクオーダー
9	金	19:30- 21:00	ライブ・アート	店内のみ	せやろがい×ウトシンペイツーマン全国ツアー "COLOR" in 広島 カラーの違う全国各地のコメディアンとつくる全国ツアー	赤Tシャツ・赤ふんどし姿で社会問題に対しての問題提起などを叫び話題を呼んでいるせやろがいおじさんと、鹿児島出身のスタンダップコメディアン・ウトシンペイさん。COLORの違う二人の全国ツアー、広島公演をハチドリ舎にて開催します！	せやろがい おじさん × ウトシンペイ	店内のみ： 3,500円＋1drink
10	土	19:00- 21:00	講演・トーク	店内& オンライン	弁護士BAR：なぜ彼女は「父」になれたのか？	2024年6月21日、最高裁判所は、戸籍上の性別を「男性」から「女性」へと変更したトランスジェンダー女性について、性別変更後に出生した実子との間で法律上の親子関係を認めました。最新の判決について、実際に裁判を担当した仲岡しゅん弁護士にお話していただきます！飲み語りながら学べる激レアBAR。	平和憲法を守る 弁護士の会 （広島） × ハチドリ舎	店内：1,000円+1drink オンライン：1,200円
11	日	19:00- 21:00	講演・トーク	店内& オンライン	カクワカ広島と学ぶ 福島第一原発の処理汚染水海洋放出 ～開始から1年。現状と影響、その語られ方～	昨年8月24日に開始された福島第一原発の処理汚染水海洋放出。排水の呼称をめぐる議論、止めたいと声を上げる人、"プロパガンダ"、他国からの視点…人によって距離感や語り方もさまざまで、どう発信していいか悩む人もいるのでは。「これ以上海を汚すな！市民会議」とFoE Japanからゲストを迎えてお話を伺います。一緒に考えてみませんか。	カクワカ広島 × ハチドリ舎	店内：1,000円+1drink オンライン：1,000円 学生無料（店内は1drink）
16	金	11:00- 17:00	相談・対話	店内のみ	Talk with A-bomb Survivors 「6」のつく日 語り部さんとお話ししよう！	★11時、13時、15時の予約制 「6」のつく日は語り部の方にカフェに滞在いただいています。大勢に対して語る証言会ではなく、小さな規模で直接お話しすることで、原爆を身近に感じることのできる機会としています。	ハチドリ舎	参加無料 店内は要ドリンクオーダー
17	土	14:00- 16:00	相談・対話	店内のみ	脳をリラックス！ マインドフルネス瞑想	今の瞬間に判断を持ち込まないで注意を払うマインドフルネス。「ストレスから解放されたい」「調和のある関係性を築きたい」「本当の自分を知りたい」など参加者のニーズに応えながら毎回テーマを選びます。講師はマインドフルネスファシリテーターの藤本優佳さん。	ハチドリ舎	店内：2,500円+1drink
17	土	19:00- 21:00	講演・トーク	店内& オンライン	映画○月○日、区長になる女 大ヒット記念トーク 「わたしたちのミュニシパリズム」	『映画 ○月○日、区長になる女。』監督のペヤンヌマキさんがシネマ尾道での上映開始に合わせて来広！そのタイミングで、弁護士三輪記子さんが広島県内の親元に帰省中！とのことで、2人とトーク番組でご一緒したことがある宮崎園子さんの発案で、お二人も興味津々だったハチドリ舎にて「みんなで政治トークしよう！」となりました。わたしたちのまちはわたしたちがつくる。そんなミュニシパリズムのスピリットを確かめ合いませんか。	宮崎園子 × ハチドリ舎	店内：2,000円+1drink オンライン：2,000円
22	木	19:00- 21:00	講演・トーク	店内& オンライン	いろいろ僧侶・なるほど仏教シリーズ 三原市明圓寺 内藤良誠さん「手話と仏教」	わたしたちがイメージする「お坊さん」の枠にとらわれないさまざまな僧侶たちと、出会ってお話ししてみませんか。隔月で開催予定！今回の話し手は三原市 明圓寺 内藤良誠さん。聴覚障害の方や難聴の方に手話で法話をしたり、法要の手話通訳を務める内藤さんにお話いただきます。	広島青年僧侶 春秋会 × ハチドリ舎	店内：1000円+1drink オンライン：1000円
23	金	19:00- 20:30	講演・トーク	店内& オンライン	絵本が教えてくれる「父」	絵本に登場するさまざまな家族のメンバーのなかでも、もしかしたら時代によって描かれ方が変わっているかも？変わっていないかも？な「父」。「大切なことは絵本がすべて教えてくれる」という、絵本講師の亀井佳代子さんと一緒に絵本を見ながら考えてみましょう。	ハチドリ舎	店内：1,000円+1drink オンライン：1,200円
24	土	11:00- 18:00	相談・対話	店内のみ	カウンセラーカフェ	自分事であれ、他人事であれ、心の健康にまつわる悩みは、なかなかに人に相談しづらいもの。かと言って一人で悩んでると、ドツボにハマってしまうこともしばしば。心の健康にまつわる心配ごとについて、公認心理師・臨床心理士の梶原慶さんと一緒に考えてみませんか？	ハチドリ舎	投げ銭（500円～） +ドリンク代500円
24	土	19:00- 21:00	相談・対話	店内のみ	開かれた対話でこころを軽くする 「オープンダイアローグ体験ワークショップ@ハチドリ舎」	近年、心の健康を回復させる有効な方法としての「対話＝ダイアローグ」に注目が集まっています。誰にでもできるとてもシンプルな作法に則った「良きダイアローグ」は、ストレスを和らげ、頭を整理し、心を軽くしてくれます。"対話のもつ不思議な力と気持ちよさ"を参加者の皆さんに体感していただきます。	ハチドリ舎	店内：2,000円+1drink
25	日	19:00- 21:00	講演・トーク	店内& オンライン	『半農半X』という言葉の産みの親 塩見直紀さんと 「AtoZ」でこれからの生き方を考えよう！ワークショップ	これまで約30年「半農半Xという生き方」を発信し続けてきた塩見直紀さん。今回の企画では、「AtoZ」の手法を使い、26のキーワードから一人ひとりの多様なX(=生き方・働き方)のアイデア・「これからの生き方」を見つけていくワークショップを行います。	ハチドリ舎	店内：1,500円+1drink オンライン：1,200円
26	月	19:00- 21:00	相談・対話	店内のみ	Deep Dive & Dialogue -Nia's Report Session of Hawai'i Trip-	This summer, one of co-organizers of this series, Nia, is going to Hawai'i where ----(Nia's connection to Hawai'i). Hawai'i has been on news in Hiroshima since the Pearl Harbor National Memorial and the Hiroshima Peace Memorial Park have signed a sister park agreement. Let's listen her report of the trip and have dialogue together.	ハチドリ舎	店内：500円+1drink
27	火	19:00- 21:00	講演・トーク	店内& オンライン	ジャーナリスト小山美砂が行く！ 広島→カザフスタン取材旅キックオフ ～第三回締約国会議に向けて～	来年3月の核兵器禁止条約第三回締約国会議の議長国は、ソ連による核実験の被害国でもあるカザフスタン。『「黒い雨」訴訟』著者のジャーナリスト小山美砂が、現地の今を知り、核被害者救済のあり方を改めて考えるためにカザフスタンに取材旅に向かいます。取材とその後の報告を通して、一緒に締約国会議に向けた機運を高めていきましょう！	核禁条約をすすめる ヒロシマ・カザフス タン実行委員会	店内：1,500円+1drink オンライン：1,500円 学生無料（店内は1drink）
29	木	19:00- 22:00	講演・トーク	店内のみ	BAR「在日」 【あなたは知らない平壌に行ってきました！！】	『在日』って聞いたことがあるけどどんな人たちなんだろう？安全な環境で楽しく飲みながら、話してみませんか？どなたでも参加可能です！今回のスピーカーは朴陽子さん。「2019年9月に2週間滞在し、カフェやデパートで買い物し、子ども達の学ぶ姿も見てきた訪問記。日本では決して知ることができない、人々の姿を動画と写真とトークでお伝えします。携帯は持ってるの？ご飯は食べられるの？恋愛ってするの？是非、直接聞きにきてください。」	朴 陽子& 権 鉉基& 尹 康彦& ハチドリ舎	参加無料 要ドリンクオーダー
30	金	19:00- 21:00	講演・トーク	店内& オンライン	みんなでつくる中国山地コラボ企画「山と海をつなぐ」 "『里海の今』取材の現場から" ゲスト：中国新聞映像記者 河合佑樹さん	「みんなでつくる中国山地」とコラボ企画！山や川、海の現場での取り組み・各地をつなぐお話を7回にわたって聞いてきました。今回のゲストは地元紙中国新聞の目玉企画「里海の今」を担当している映像記者、河合佑樹さんです。学生時代に海洋生物の研究をし、幅広い分野で取材する中でも海に関心を持ち続けてきた河合さんに取材現場からみえる瀬戸内についてお話しいただきます。	みんなでつくる 中国山地 百年会議 × ハチドリ舎	店内：1,000円+1drink オンライン：1,200円
31	土	10:00- 16:30	講演・トーク	店内のみ	クリエイティブ・ライティング in 広島 ～土地の記憶を書く ハチドリ舎	作家・田口ランディによる文章創作の講座。参加者は田口がデザインしたアートやゲームを取り入れたワークを体験した後、自由に文章を書いていきます。田口は「原稿には必ずテーマが宿る」と言い、自由創作の文章から個々のテーマを探っていきます。参加者は自分の内側のイメージを文章で表現し、視野を広げ、文章を洗練させていきます。土地の歴史に降りていくこと、その土地の聲を聴くこと、それを表現することを実践する企画です。	クリエイティブ・ ライティング in 広島	店内のみ：10,000円 ※昼食・ワンドリンク込み

講演・トーク　相談・対話　ライブ・アート　★ワークショップ・特別企画　映画上映

ビッシリと埋まったイベント一覧表。全体の約６割がレギュラー企画。

HOW?

07

人の巻き込み方

思想をもつこと、
それが店に合う人を呼び寄せる。

問題意識があるから、そのリアリティを知るためにイベントをやる。おもしろい人や事象に出会ったら、その人のことやその出来事をもっと知りたくてイベントをやる——ハチドリ舎で行なわれているイベントの大半はこんなふうにつくられている。つまりわたしとせとまゆがいちばんやりたい、知りたいことを軸に企画をつくっているのがハチドリ舎である。

そう考えるとハチドリ舎でイベントをやる人というのは、自ら行動している人が多い。すでに著書を発表したり、メッセージを発信していたりして自分の信念に従って行動している。その人のやっていることがおもしろかったり、共感できたり、またはポテンシャルを感じたりして、それで「一緒にやりましょう」となることがほとんどだ。

なのでイベントをやるには、まずはその人と知り合うことが重要になる。次は、おもしろい人と出会える環境をいかにつくるか、そしてどうやって巻き込んでいくかだ。

これに関しては、逆の立場で考えるとわかりやすい。

最近はハチドリ舎が多少知られるようになったおかげで、初対面の人に会っても自己紹介の手間が省けて助かっている。「ああ、あのハチドリ舎をやっている人ですね」ということですぐに人となりがわかってもらえて話が早い。広島に来たばかりの頃はそうはいかなかった。今よりももっと丁寧に自己紹介をしていた。

そう考えると、人と会って話す際には、自分の考えや意志、意見や特徴がはっきりしていることが有利に働く。わたしの場合は「核廃絶に情熱を燃やす、社会課題解決カフェをやっている人」といった感じだろう。髪の色も派手だし、きっとキャラが強く見えるのだ（自覚はない）。ただ、だからこそ印象に残るし、「社会課題の話は安彦さんに相談してみよう」「広島にそういうカフェがあるらしいから行ってみよう」となる。キャラが濃いことでコミュニケーションが早くなり、興味のある人がおのずと寄ってきてくれる。

なのでわたしは、人を巻き込むにはまずは自分が思想をもつことが大事だと思う。自分を磨き、とがらせていくことが、結果的にまわりに自分を認知してもらい、自分に合う人を呼びよせてくれるのだと思っている。

たとえばハチドリ舎はオープンして7年間、お店の宣伝を一度もしたことがない。企画しているイベントにわたしたちのあり方が表現されているので、それを見ていろんな人が足を運んでくれる。お店やイベントのコンセプトがはっきりしているのでマスコミが取材に来てくれるし、ここに来た人はＳＮＳで想いを発信したり、シェアしてくれる。思想をもったカフェだから、それが結果的に宣伝となっているのでありがたい。

〝思想が強い〟というのは最近芸人さんたちの間で人を揶揄する言葉として使われ、失笑されているようだ。だけど、わたしは失笑している場合じゃないと思う。むしろ「思想をもて！」と言いたいし「思想は強いほうがいい」と思う。

思想をもつというのは、つまり旗を立てるということだ。わたしはこう思っています、社会に対してこう感じています……それをわかりやすいサインにして、世の中に表明する。すると近くの人は「あなたはこんなふうに考えているんだね」となるし、遠くの人は「あそこにあんなことを考えている人がいる」となる。

旗は誰かにとっての目印にもなるし、道しるべにもなる。それがあることで「旗を立てることってできるんだね」「あの旗、ずっと立っていてくれて安心するな」ということも起こるかもしれない。

とにかく人を巻き込むには、まず自分から。「わたしは何者か？」という思想を鮮明にして、それを地道に、気長に発信していくことが一番。あと、その思想が排他的なものではなく、まわりに対して開かれたものであることも重要だ。

もう一つ、人と一緒に何かをやるコツを挙げるなら、後回しにしないというのもある。わたしの場合、イベントをつくるときの流れとして、「それおもしろそうですね。イベントやりましょう」「いいですよ」となったら、その場で日程を決めるようにしている。すぐにノートパソコンかスマートフォンを開いて、「いつにします？」「仮にこの日に入れておきましょうか?」と最低スケジュールだけは決めてしまう。

わたしはせっかちな性格なので、後回しにすると忘れてしまう。鉄は熱いうちに打てじゃないけど、盛り上がったときに即断即決。なんならイベントタイトルやタイムスケジュールまでその場で決めて、メッセンジャーで共有しておくこともする。

それは見方によっては「仕事が早い」とも言えるが、後回しにしたら絶対忘れてしまう自分のズボラな性格を知り抜いているからとも言える。「とりあえず持ち帰って考えましょう」とか「近々やりましょう」というふんわりした言葉は、もはややらないと言っているに等しい。最低日付だけでも決めておけばあとは内容を詰めていくだけなので、その後の作業は確実に進めていける。

ただ、「イベントやりましょう」となった直後にパソコンを開いて「いつにします?」と聞かれる流れに戸惑う人もいる。「え、もう?」「ここで決めるんですか?」と。

それはそれで仕方がないことだ。思想に共感するのと、ノリが合うというのはまた別の話。これまでの傾向を見ると、わたしのスピード感をおもしろがってくれる人のほうがイベントに進みやすいところはある。

そんな一つをとっても相性だし、ウマが合う人とはやっぱりうまくいくのだ。

出会ったらすぐ声をかける。斉加尚代監督（左）と
平井美津子さん（中央）にご挨拶。

HOW?

08

場の空気のつくり方

いい感じの場さえつくれたら、人は勝手に立ち上がっていく。

ハチドリ舎はカフェでありながらイベントスペースのようでもあるけれど、要するに〝場〟だ。その場の空気がどんな状態かによって、居心地のいい場になったり居心地の悪い場になったりが決まってくる。

カフェタイムのときに気をつけているのは、相手を見ること。この人は自分の世界に入りたい人なのか、それとも何か話がしたくてここにやってきた人なのか……それを感じ取りながら適切な距離をとることにしている。

話がしたくてお店に来た人はすぐにわかる。店の扉を開けた瞬間、わたしがいるカウンターを見て「安彦さんですか？」と話しかけてくれる。一方で本当は話しかけたいんだろうけどいったん席について、チラチラこちらに視線を投げかけてくる人もいる。とりあえず様子を見ているというか、声をかけるタイミングを見計らっている感じだ。

そんな様子に気づいたときでも、わたしは自分から積極的に動かない。話しかけてほしそうだから話しかけてあげる、声をかける勇気をもつのは大変だろうから話のキッカケをつくってあげる……そういうやり方は、わたしにはお客さんを子供扱いしているように見える。「大丈夫ですか？」「こうしてあげましょうか？」……そんなふうに先読みして手取り足取りケアするのは、「あなたにはできないでしょう」という思い込みを前提にした失礼なコミュニケーションじゃないかと思うのだ。

わたしが場づくりに関して思うのは、「その人がその人らしくそこにいられる状況をいかにしてつくるか？」。何でもかんでもわたしがやってしまうのは、むしろその人が自分で行動し、自力で得られるはずだった手ごたえや達成感、失敗や経験値というものを奪ってしまう感じがする。

とにかくわたしは人間関係において対等でいたいと思っている。どちらが上でもなく、どちらが下でもない。それはお客さんに対しても同様で、「あなたがこの場所を選び取って自分のためにここに来た。だから勝手に信頼するし、信じますよ」というスタンスをとっている。こっちは好きでお店を開けているし、そっちも好きでお店に来ている——そういうフラットな関係が好きなのだ。

だからお店に来てくれることはうれしいけど、わたしは「お客様は神様です」とは思わない。そういう上下関係は好きじゃないし、「店主が絶対」みたいな感じにもなりたくない。店主と客という関係ではなく、あくまで人と人として接すること。ハチドリ舎がめざすのは、その場にいる誰もが自らの意志で集まって共存している状態であり、「どうであってもそこにいてＯＫ」という態度でいること。まるでおうちのリビングみたいにすごせるのがいいなと思っている。

場の空気については、グループで集まったときにも意識している。

わたしは「カクワカ広島」や「ジェンダーを考えるひろしま県民有志」などいろんな団体で活動しているが、グループ運営の際に意識しているのは「なるべくみんなを含みたい」ということだ。

団体で活動する場合、気持ちの熱い人がワーッと突っ走り、それにまわりがついていけなくて孤立、そしてグループはバラバラになって崩壊……ということが起こりやすい。でもせっかくの活動がそれでつぶれてしまったらもったいない。わたしは誰かが先走りそうになると、いったん立ち止まって「これについてどう思う?」と周囲に確認をとるようにしている。経験上、参加者が〝自分もコミットしている感〟を感じられることが、その団体を長続きさせるように思う。

とはいうものの場の空気は生き物であって、グループの雰囲気づくりは一筋縄ではいかない。以前一部のメンバーが「わたしたちでコレをやるね!」と立ち上がったことがあった。「みんなは忙しいから」「迷惑かけちゃいけない」「わたしたちでやるから大丈夫」と言いながら物事を進めようとした。

これは一見自立的でよさそうに見えるけれど、こうなると関わる人の入り口がなくなってしまう。団体運営において大事なのは「手伝ってくれるかどうか」ではなく「関わりしろとなる入り口を閉じないこと」。重要なのは「いかに多くの人がそこに含まれるか」であり、それを把握するには全体を眺められる広い視野が必要だ。

わたしはこれまで団体活動で代表になることが多かったが、最近はそうした役回りも避けるようになった。何度も書くけどわたしは上下関係が嫌いで、だから「おれたちファミリーだよな！」という空気がめちゃくちゃ苦手である。それは封建的な家父長制を思わせるし、家長にはなりたくない。そんな面倒な権力欲など一切ない。

わたしがやりたいのは、あくまで困っている人に場を提供すること。

そうそう、唐突だけど思い描いてほしい。ハイジとクララの関係性。クララは足が悪くて立てないけど、実は「わたしは立てない」と思い込んでいるだけかもしれない。だって彼女は「ハイジと野原を駆けまわりたい」と思った瞬間、自力で立つことができたのだ。

そう考えると、大事なのは「立ちなさい」と強引にうながすのではなく、「あなたが立てること知ってるよ」という空気を創り出すことなんじゃないだろうか。特別な薬などなくても、いい感じの場さえつくれたら、人は勝手に立ち上がり、自分の足で歩くようになる

――わたしは人に対するそんな信頼感がある。

ということは、ハチドリ舎がめざすのはアルプスの牧場？（笑）　この息苦しい社会のなか、それくらいのいい空気をつくれたら、みんなもっと生きやすくなるんだろうな。

自分の家のリビングのように、リラックスして
もらうのが理想。

HOW?
09

トラブルの避け方

対立も炎上もほぼゼロ。
対面で話をすれば問題ない。

ハチドリ舎は思想の強いイベントをけっこうやっている。だから「イベントで炎上したりしないの？」「クレーマーみたいなお客さんが来て困らされたりしないの？」と質問されることもある。

確かに世の中、分断の時代である。ＳＮＳを開けばあちこちで互いをののしり合う言葉が飛び交い、とてもじゃないが平和な言論空間が保たれているとは言いがたい。むしろ今はそうした炎上や見えない誰かからの攻撃が怖くて発言を控えている人も多いのではないだろうか。不特定多数の人たちの心ない言葉によって、自由に発言できる環境は奪われ、抑圧されているのが現状だ。

こうした点に関して、店を開く前は無頓着だった。わたしはのんきにも「まじめなことを話せるだけで心が癒されるわたしのような人間＝お客さんが攻撃的であるはずがない」と信じていて、イベントが敵意しかない論争の場になったり、カフェがいやがらせの対象になったりする危険性について想像していなかった。つまりぜんぜんそこにビビっていなかったのである。

初めてそのことに気づいたのは、クラウドファンディングのアドバイスをくれたテンダーに言われたとき。「外に開かれた場をつくるといろんな人が来るから、そこでぶつかり合いや争いが起こるかもしれないよ」。そうかもしれない。でももうお店づくり始めちゃってるしなぁ……。

ということでオープンして7年——結論から先に言うと、ハチドリ舎では懸念されていた対立やトラブルはまったく起こっていない。「めちゃくちゃ炎上とかしそうなのに！」と言われるけど、幸いにもそうした類の困り事は一切ないのが現実である。

実際カフェにはいろんな人がやってくる。そのなかにはもちろんわたしと考え方が違う人もいるし、社会や政治に対して怒りを抱えて来店する人もたまにいる。

仮に怒りを抱えた人が来店した場合、わたしはその人と対話をする。「どうしてそんなに怒ってるんですか？」「それを話してどうしたいと思ってるんですか？」「あなたをそんな感情にさせている原因は何なんでしょう？」「未来の日本をどんなふうにしたいと思いますか？」……

わたしは物好きというか知的好奇心が強いので、自分と違う考え方の人がいるとむしろ何を考えているのか知りたいと思ってしまう。だから根掘り葉掘り質問してしまうし、それをやっていると最初は怒った様子だった人もトーンダウンして、スッキリしたような顔になって帰っていく。

もちろん批判しかせず、自分自身を省みることができない人とは対話はできない。けれどお互い信じていることは違っても、それぞれの思想を確認し合うことはできる。

お店には日本会議のおじいちゃんなどもやってくるが、その人も帰り際には「実は僕も不安なんだよね……」と漏らしたりする。そういうとき、やっぱり正しさを論じるのではなく、人として話ができるほうがいいなと思う。

怒っている人以外にも、少し自分勝手だなと思う人も訪れる。たとえばお店に勝手に自作のTシャツを送りつけてくる人がいた。背中にデカデカと「憲法9条は世界の宝」と書いてある。それをハチドリ舎で売ってくれというのだ。

その後、店にやってきたその人に「コンセプトには賛同するけど、お店には置けません。だってわたし、これ着たくないですもん」とはっきり言った。さらに、「これをするんだったら、憲法前文を縦書きで背中に書くのはどうです？　電車に乗ったとき、うっかり読んじゃいますよ。そのほうが平和憲法の良さが伝わると思います」と逆提案してみた。そうしたら「それはいいかも」「若い人の意見はそうなんだなぁ」と納得してくれた。相手にまっすぐ向き合いきちんと話をすれば、たいがいの人とはひどいいさかいは起こらないんじゃないだろうか。

そう考えると大事なのは、たとえ思想が違っていても対話ができること。考えが違っても同じ場を共有できるし、その人はその人なりに社会に対して問題意識を抱えていると思うから。

お店でトラブルや炎上が起きない原因は、ちゃんと話を聞いてもらえる環境があることが一つ。もう一つは顔を出して議論している部分もあるかもしれない。ＳＮＳがひどいことになっているのは匿名という要素が大きく、「じゃあ顔や本名をさらしてそれができますか？」と言えばしゅんとしてしまうのが人情だ。

以前、日本軍「慰安婦」問題の論争を扱った『主戦場』という映画の上映会をしたことがある。そのときは「歴史修正主義者の人が来るかも」と内心ビクビクしていたが、結局そういう人は来なかった。上映会の後に感想を語り合う時間もとったが、別にピリピリした雰囲気にはならなかった。

これが匿名のＳＮＳだったら攻撃的な意見が寄せられ、混沌とした場が生まれたかもしれない。しかしハチドリ舎は互いの顔が見えるリアルな場所。少なくともアウェイの地まで足を運んで、意見の異なる人の前で「正しい歴史を教えてやろう！」という上から目線の歴史修正主義者は広島にはいなかったようである。

思想が違うという意味では、坊主ＢＡＲというイベントに右翼的思想をもった人が来たこともある。その人は腰が低くて「……自分は右翼なんですけど参加していいですか？」とわざわざ丁寧に言ってきた。わたしは、

「ぜんぜんいいですよ。誰かを傷つけたり、批判したり、否定するような発言をしなければ、誰でも参加できます」といつも言ってる内容を伝えた。

彼はその後、何度かお店に通ってくれたが、聞けば所属する団体の人に「あんな店には行かないほうがいい」とか「ヘンな思想を植えつけられたんじゃないか?」とかいろいろ言われたらしい。それを聞いてわたしは笑ってしまった。ハチドリ舎には人の思想を変える力なんてない。わたしたちがやっているのはただその人の話を聞いているだけだ。

今のご時世、街中や電車の中などでキレ散らかしているおじさんを見かける。基本、キレ散らかしているのはおじさんだが、そういう人はまずハチドリ舎に来ない。〝まじめなことを話しても引かれない場〟というコンセプトがそうさせているのか、本当にみなさんが予想(期待?)するようなトラブルは一切ない。

さらにハチドリ舎は「ソーシャル語りBAR」として夜はお酒も出しているが、それも酒の場だからといって荒れることはない。

それよりもバー営業の時間帯はしんみりしていることのほうが多い。「またあそこで紛争が……」「この前の選挙の結果が……」。世の中はやるせないことばかり。お互い傷をなめ合いながらグチをこぼし、弱音を吐き、ときには感極まって大泣きしたり、その勢いでカラオケに雪崩れ込むことも……って、これはわたし特有の事情だったか。

なので、もしもハチドリ舎みたいなソーシャルカフェをやりたいと思っている人がいたら、「トラブルに関してはそんなにビビらなくていいよ」と伝えたい。

世の中を見ていると炎上や裏アカ、陰口や凸撃の応酬で、外に向けて何かを発信しようとすることが怖くなるけど、こちらが顔を出して、しっかりと対応していたら、そうしたことに巻き込まれる危険性はほとんどない。正々堂々と、対面で、文句や不満をぶつけてくる人は皆無に近いというのは、この広島という街で7年間、コンセプトの強い店をやってきたわたしが証明できることである。

ハチドリ舎は互いの顔が見えるリアルな場所。
だから荒れることがない。

HOW?

10

多様なルーツをもつ人との交流の仕方

外見や肩書ではなく何を感じたか、どう考えたかについて質問する。

ハチドリ舎は広島平和記念公園から徒歩3分。「平和や核兵器に関心をもっている外国人旅行者の学びの場になれば」という開店当初の願い通り、お店には海外からのお客様も数多く訪れる。

お店を訪れる外国人の大半は「ゲストハウスで聞いて」とか、誰かの口コミや旅行情報サイト「トリップアドバイザー」を経由して訪れた人。たまたま歩いていて見つけたという人も時にはいるが、そう多くはない。被爆体験を直接聞けるという情報に惹かれ、わざわざ『6』のつく日　語り部さんとお話しよう！」という企画をめざして来店してくれる。自分が旅行者でも『6』のつく日」は魅力的だと思う。だって実際に原爆を体験した人と直接話ができるのだ。

これまで広島で被爆者の証言を聴くのは敷居が高いところがあった。予約を入れ、当日は壇上に1人の語り部さんが座り、大勢の人が座席に座って〝拝聴する〟という場がほとんどだ。しかしハチドリ舎は飛び込み参加も可能で、参加費はドネーション制。同じテーブルで双方向のコミュニケーションができる。

同じテーブルに座って話をすることで親近感も感じられる。英語を使える語り部さんもいて、不得手な方の席では通訳ができるせとまゆがコミュニケーションサポートをしてくれる。被爆者としてではなく〝個の○○さん〟と出会うことのできる環境を、多くの方が貴重と捉えてくれている。

お店に来てくれる方の国籍はバラバラである。アメリカの人も多いし、フランスからの人もいる。ブラジル、オランダ、アイスランド、韓国、中国……広島に来る観光客の傾向と同じでアジアの人は少ないが、それでも多岐にわたっている。年代は20〜50代が中心で、それはインターネットで情報を得ている人が多いせいだろう。

彼らと交流していると、わたしのように問題意識をもち、「より良い社会にするにはどうしたらいいか?」と考えている人は世界各地にいるんだなと感じられる。原爆資料館だけでなく、ヒロシマでのより深い体験を望み、「戦争がもたらすものは何か?」という問いのヒントをなんとか見つけようとしている人は国籍関係なく大勢いるのだ。その事実はわたしを大いに力づけてくれる。

被爆者から直接話が聞けるということで、
多くの外国人がやってくる。

あと最近増えているのが、フリーの海外メディアの方や研究者からの取材要請だ。ハチドリ舎という場の重要性や、こうしたお店を続けるコツ、どうすればもっと深い語らいの場がつくれるのか問われたりする。ハチドリ舎の活動がグローバルな世界でも関心をもってもらえるのはうれしいことだと思う。

海外からの旅行者との接し方でわたしが気をつけているのは、見た目で判断しないこと。「マイクロアグレッション」という言葉を知っているだろうか。他人を傷つける意図はないけど結果的に傷つけてしまう差別的発言・行動のことで、特にバックグラウンドが複雑な外国人に対して知らないうちに引き起こしてしまうことが多い。たとえば「日本語うまいですね（↓もしかしたら在日の人かもしれない）」「仕事は何ですか？（↓最初に聞くことではない）」……。出自や職業を知らなくてもコミュニケーションをとることはできる。

わたしは相手の外見や肩書ではなく、どんな目的で広島に来たのか、何を感じたか、どう考えているかという内面について質問するよう心がけている。日本国籍をもっていて日本語で話す、この世界ではマジョリティのわたしたちが不用意に傷つけることのないよう、心を配りたいと思っている。

たとえばはじめは日本語で話しかけて、答えが英語で返ってきたら英語で話すという感じで、相手の言語を決めつけないというのもその一つだ。

と、こんなことを言いながらも、わたしの英語力は日常会話レベルである。相手が英語圏の人じゃないときは「お互い3歳くらいの英語だよね」と笑いながら話すこともしょっちゅうだ。

それでもこの店のお茶の間感を気に入ってくれて「ビューティフルプレイス！」と言ってくれる人もいる。靴を脱いでくつろげたり、マグカップの形が全部違う手づくりだったり、そういうところがユニークに映るのだろう。言葉で完全にわかり合えなくても、何か伝わるものはあるみたいだ。

これはもっと先の先、遠い夢の話かもしれないが、わたしには世界中にあるハチドリ舎みたいなお店とつながって、ネットワーキングしたいという構想がある。できれば1カ国につき1カ所はそういう仲間がいるといい。

ポーランドにはアウシュビッツのそばに「対話と祈りのセンター」という施設がある。ここは世界中の若者がアウシュビッツの歴史を学べる場で、施設に宿泊しながらツアーメンバーとディスカッションしたり、アウシュビッツ生還者の話が聞けたりする。ホロコーストについて、じっくり考えることができるのだ。

それはハチドリ舎を立ち上げるとき、わたしが考えていたビジョンと同じである。

当初わたしはカフェではなくゲストハウスを開こうと考えていた。広島を訪れた人たちにここで起きたことを知ってもらい、これからどんな社会をつくっていくか共に考え、共に発信したいと思っていた。ゲストハウスは夜通し語り合うことができるので最高じゃないかと思ったけど、ゲストハウスは建物の制限や費用が大変で、〝語り合える場〟という部分を継承してカフェに落ち着いたという経緯がある。

だから本当はハチドリ舎でも、もっと語り合いたい。営業時間などに縛られずとことん考えられる場を提供したい。旅行者のアウトプットが盛んになって、そこで生まれた思想やアイデアが世界中にある〝ハチドリ舎みたいな場所〟と共有できたらどんなにすばらしいだろう。

夢みたいな話だろうか？　でもヒロシマにハチドリ舎が存在するのだから、同じような願い、同じような場所は世界のどこかにあるはずだと信じている。

HOW?

11

リモートシステムの使い方

リモートには利点もあるけど、
お店の基本は何も変わらない。

ハチドリ舎を始めて7年が経つが、その間いちばん大変だったのは言うまでもなくコロナの時期である。

とにかくお店に人が来ない。売上の生命線であるイベントもできない。当時は開店時に日本政策金融公庫から借りた資金が残っていたのでしばらくは大丈夫と思っていたけど、それでも休業支援金を受けたし追加融資も申請した。お店のことを心配した友人がクラウドファンディングで寄付金を集めてくれたのもありがたかった。

悪夢のようなコロナ禍だったが、お店にとってはマイナスばかりではなかった。コロナによって新たに獲得したものもあった。その最たるものがリモートシステムの構築だ。コロナが流行する前、ハチドリ舎で行なわれるイベントはすべてリアル開催で、リモートはやったことがなかった。しかしコロナになってすぐ、お店はリモート活用の検討を始めた。

最初にリモートでイベントを行なったのは2020年3月4日。例のダイヤモンド・プリンセス号での感染が発覚したのが2月5日だったから、そこから1カ月足らずでスタートしたことになる。

ただ、リモート配信といっても当時のクオリティはひどいもので、会場でやっているイベントをパソコン内蔵のカメラで撮ってYouTubeに流すだけ。スイッチングとかそんな技術は何もないので、話す人が変わるたびにその人の前にノートパソコンを持って行って撮るという超アナログな手法を使っていた。

そんな〝とりあえずやってみました〟的な感じだったリモート配信も回を重ねるごとに向上し、やがてウェブカメラ導入、Zoomの活用へと進化を遂げていく。当初リモート参加者はただ見ることしかできなかったが、Zoomの機能を使って質問をするなど双方向コミュニケーションも可能になった。さらに出音を直接拾っていたのが、マイクとミキサーを使うことで音声もクリアになった。こうして書くとものすごい成長である。

ちなみに、これらのシステムはわたしとせとまゆ2人だけでつくった。幸いなことにわたしたちは機械に対する苦手意識がなく、買ってきたマイクがどこまで音を拾うか、Bluetoothの電波がどこまで届くかなど全部手探りで実験した。

わたしたちは基本〝自分たちでやること〟を大切にしていて、試行錯誤も含めて財産だと思っている。だからこのピンチも新たな技術を身につけられる機会と捉えて、楽しんでしまうところがあった。文字通り、ピンチはチャンスというわけだ。

実際コロナをきっかけに導入したリモートシステムは、お店にいくつもの利点をもたらした。

1つめは、これまで遠方だったり子育て中だったり、なかなかハチドリ舎に来られなかった人がイベントを体験できるようになったこと。2つめは、会場がいっぱいでこれ以上お客さんを入れられないとき、オンラインやアーカイブという形でお客さんに見てもらえるようになったこと。3つめは、ゲストが広島に来られない場合、リモートでの出演も可能になったこと。そして4つめは、イベント内容が録画されることでアーカイブ映像が残り、そのアーカイブ映像も販売できるようになったこと……などである。

コロナ禍が終わった今はリアルでイベントを行ないつつ、それをリモートでも配信するハイブリッド方式が大半を占めている。イベントはゲストの意向と中身によって「会場のみでオンラインなし」「オンラインもあるけど、ゲスト本人が表に出たくないので顔出しなし」「オンラインもあるけどオンタイムのみ（アーカイブなし）」「オンラインでアーカイブあり」の4つのパターンに分けられている。リモート参加者に関しては、広島の人と県外の人が半々といったところだ。

コロナ禍を機に手に入れたリモートという手段。ただ、だからといって企画の立て方やイベントのつくり方が変化したわけではない。

わたしたちがいちばん重きを置いているのは、やっぱりハチドリ舎という場。

これまでは広島市の土橋町にある店に来ないとイベントに参加できなかったが、それが

Zoomでのぞけるようになったくらいの感覚。質疑応答も会場が中心なので、値段設定もオンラインは会場参加より安くしている。結局わたしにとって大事なのは店で起こっていることであり、リモートはリアルのサブにすぎない。

「リモートでゲストを呼べるのだから、これまで呼びにくかった東京在住の人や海外の人も呼べるようになったんじゃない？」と言われることもあるが、それについてもあまり深く考えていない。わたしにとって企画は、ゲストありきというより「この社会課題をいかにして解決するか？」という問題意識のほうが先。それについて深く考えるため誰に話を聞いたらいちばんいいだろう……とロジックでトークゲストを決めていく。

だからハチドリ舎のイベントはまずコンテンツありきで、ゲストが前提ではない。それにリモートで出てもらったとしても個人的には「会いたい」が勝ってしまい、結局そのうち店に来てもらう約束をしてしまう。リモートを使うようになったことで自分たちが大事にしているもの（＝お店の中の空間だったり対面で話すこと、企画のもととなる問題意識）が炙り出されて、むしろ良かったんじゃないかと思っている。

そう考えると、ハチドリ舎はリモートによって変わったけど、基本の部分は何も変わらない——そう言えるのかもしれない。

リモート配信の機材。自分たちで試行錯誤して、
ひとつずつ構築していった。

HOW?

12

つらいときの乗り越え方

ハチドリ舎＝とまり木。
自分もこの場に救われている。

ここまで続けてきた「ＨＯＷ？」のパートのラストのテーマは「つらいときの乗り越え方」。これまで7年間お店を続けてきて、つらかったときどうやって気持ちを切り替え、立ち直ってきたのかを書こうとしたけど……。

自分で設定しておいてなんだけど、あらためて考えてもつらいことが思い出せない。

ちょっと前にも書いたように、お店に困ったお客さんは来ない。お金に関しては、そんなに気にしていない。わたしは手元に生活できる程度のお金があればなんとかなると思ってしまう性格なので、別段困ったりはしない（まだ借入のお金が残っている・笑）。

あえて言えば、身体がつらいことくらいだろうか。肩こりはひどいし、マッサージをすれば頭が重いと言われる。日々イベントのことや社会課題について考えているからで、これはお店のせいというより齢のせい。ハチドリ舎をオープンしたときが30代後半で、それなりに齢を重ねているのだから仕方ない。

それでも傷つくことが皆無とは言えなくて、その原因のほとんどは人間関係によるもの。一緒に企画をつくったり、一緒にグループを運営したりする人とはトラブルは起こらない。基本的に彼らとは対等な人間同士、おんぶもだっこもしない前提で付き合っているので関係がこじれることがない。

わたしが苦手にしているのはお店の中での人間関係……今も「アルバイトをやらせてく

ださい」とか「インターンをさせてください」という声はたくさんもらうが、どうも人との間に上下関係（お店の場合は雇用主であるわたしと、働き手である彼ら）が生まれてしまうと、適切な距離感がつかめなくて苦しい状況に陥ってしまう。

本当に、人を入れてお店を回していくのは難しい。

よく理想の会社や集団のイメージとして「みんなでがんばりましょう！」「仲良くやっていきましょう！」と一致団結している姿を見るけど、わたしはそうしたノリが好きになれない。そういう会社はだいたい社長がワンマンで、すでに確固たるヒエラルキーがつくられている。そこに順応できる人にとっては居心地がいいが、その身内ルールに同調できない人には地獄である場合が少なくない。

いわゆる〝ファミリー・ハラスメント〟とでも言うのだろうか。世の中では「ファミリー＝人間らしくてすばらしいこと」と思われがちだけど、わたしはそうは思わないし、それを良きものとして押しつけられるのを苦痛に感じてしまう。わたしが理想とするのは、たとえお互いが仲良しじゃなくても、それぞれの個性が認められ、個々の自由な生き方が尊重される世の中だ。

外から見たらハチドリ舎も、似たような気質の人が集まっている〝ファミリー〟や〝コミュニティ〟のように思われているかもしれないが、内側にいるわたしはあまりそうは思っていない。みんなはそれぞれ独立していて、そうした〝個〟がたまたま居合わせている感覚で捉えている。

それに関しては、せとまゆが以前うまい言い方をしていた。せとまゆにとってハチドリ舎は〝とまり木〟だという。あくまでつかの間の休憩場所。そこに所属したり生活したりする日常の基盤＝〝巣〟ではなく、サードプレイス的な仮の場所だというのだ。

実際せとまゆはハチドリ舎の社員ではなく、個人事業主として毎月請求書を発行してもらっている。わたしも個人事業主で、彼女に事業を委託している。わたしたちは各自が個人として働き、ハチドリ舎を運営するという共通の目的のもと、仕事を分担している。

せとまゆが言う「ハチドリ舎はとまり木」という感覚は本当にすごくよくわかる。「ハチドリ舎＝安彦恵里香」と見る人は多いし、実際わたしが立ち上げたお店かもしれないけど、わたしもハチドリ舎を形づくる一人だという感覚がどこかにある。

あくまで主役はこの〝場〟なのだ。わたしにもこの場が必要だし、もしかしてわたしがいちばん頻繁に利用しているかもしれない。

つらいことがあったときは、みんなの前で弱音を吐く。ソーシャル語りＢＡＲは来た人の話をわたしが聞くこともあるけど、みんなにわたしの悩みを聞いてもらうことも普通にある。ふだんはしゃべりたい人がやってきて、モヤモヤした気持ちを話してスッキリしたりするけど、わたしも同じことをする。ここはお互いさまの世界。お店にはオープンダイアローグの達人もいる。

そう考えると、自分もハチドリ舎という場所に救われているんだなと思う。

わたしにはお店を始める前、淋しいときに淋しいと打ち明けられる人がいなかった。そんなことを話せる場もなかったし、深夜の長電話も迷惑だろうと避けていた。しかしお店をつくったことで話を聞いたり聞かれたりが簡単にできるようになった。みんな気心が知れてるので、「これがしんどい」と愚痴れるし、こちらの気持ちもわかってくれる。

お店をつくって以降、つらいことが思い出せないのは、そういう要素も影響しているかもしれない。しんどいことがあっても、お店で話すことで解消できているので記憶に残ってないのかもしれない。

ということは冒頭のテーマに戻ると、「つらいときの乗り越え方」は自分がいちばん居心地のいい場所をつくることになるだろうか。

ハチドリ舎はわたしのための場であるし、わたし以外のみんなのための場でもある。いまあらためて「ここをつくってよかったな、わたし」ということを実感している。

お店を通じた出会いやつながりに、わたし自身も救われている。

WHY?

どうしてハチドリ舎をつくったか

WHY?

01

いじめ

いじめられた経験があるから、
いじめられる人の気持ちがわかる。

お店をやっていると時々若い女の子がやってきて「安彦さんみたいになるにはどうすればいいんですか？」「どうやったらなれるんですか？」と訊かれたりする。

わたしみたいになるのもどうかと思うけど、そういうときは「違和感を大切にして、まわりに対して意味もわからず承服しないでいたらこんなふうになってたの」と答えている。別になりたいと思ってこうなったんじゃなくて、結果的にこうなっていた。

様々な出会いやいろんな流れに乗っかっているうちに、わたしは自然とハチドリ舎という場所にたどり着いたんだと思う。

小学校3年生までは生意気で勝ち気、言っちゃえばボスキャラ的な子だった。わたしは茨城県守谷市の生まれで、年子の兄がいる。でも当時はわたしのほうがお姉ちゃんだと思われていた。わたしのほうが兄より先にかけ算を覚えたし、体の大きな男の子が幅を利かせているのにムカついて、その子をつねって泣かせたこともあった。きっと何かいじわるをされたのだろう。

小学校の頃は、そんなどこにでもいる活発な女の子だった。男の子のしている遊びが好きで、兄と一緒にどろんこになってザリガニ釣りをしたり、ビックリマンシールを集めたり、草でつくった秘密基地に立てこもったりした。

それが変わったのは小4のときに転校してから。

わたしの家は自営業で、親は工場をやっていた。静電植毛加工といって、静電気の力を使って紙やプラスチックにフワフワの繊維みたいなものを植えつける。家の都合で隣町へ引っ越した。車で15分くらいの距離だからそんなに離れてないけど、それでも転校することになって、そこで「あれ?・」という状態に陥った。

転校生というのは否が応でも注目される。しかしわたしにはクラスメイトの期待に応えられる足の速さも(田舎の小学校ではそれが一番だ)、頭の良さも、かわいいルックスもなかった。勝手に期待されて、勝手にがっかりされた。体育の授業のバスケですら本気になってしまうような性格もあって、クラスでも浮いていたと思う。

わたしがクラスで浮いたのは、生来の気の強さが原因だった。掃除の時間、女子だけが掃除をさせられ男子はサボっている。どー考えても、それはおかしい。帰りの会で発表すると、男子はおもしろくなさそうな顔をして、女子からも応援はなかった。正義感がアダになり、クラスでうとましがられるようになった。

そのあたりからわたしは「自分らしくあることは円滑なコミュニケーションに作用しない」と学んだ気がする。おまけに当時は太っていて、それがコンプレックスでもあった。わたしは次第に自分自身を表に出さないようになっていった。

中学校ではそれがエスカレートして、いじめになった。同じ小学校の持ち上がり。席に座っていると、後ろの男子が自分の机をガンガンぶつけてくる。腹が立って椅子を振り上げたら、そんなわたしを見てみんなが笑う。クラスにわたしの居場所はなかった。休み時間になると他のクラスにいた友達のところへ逃げるように飛んでいった。

どうして中学時代、あんなにいじめられたのか？

それはわたしに遅刻癖があったことと、空気を読まない性格だったことも災いしたかもしれない。

わが家は工場をやっていると書いたけど、それもあって家庭もちょっと変わっていた。父はもちろん、母も工場にかかりっきりなので基本的に放任主義。

両親は朝が遅く、子供を起こさない。自分で起きて、自分で準備して、適当に何か食べて行きなさいというスタンス。それもあってわたしはたびたび遅刻した。転校先の小学校は家から徒歩1分くらいの距離だったけど、朝のチャイムが鳴っている間に家を出て必死で走っているわたしの姿が教室の窓から見えていたという。時間ギリギリで走ってくるわたしを見て、みんなは笑っていたんだろうと思う。

自転車通学となった中学では、遅刻で怒った先生に「なんで遅刻したんだ！」と問われて、真顔で「向かい風だったからです！」（筑波おろしをなめちゃいけない）と答えてビンタされた

（暴力はいけない！）。こっちは真剣に答えているのに、ことごとく裏目に出る。そんな相性の悪さがずっとつきまとっていた。


その後の青年期、わたしは中学時代のいじめに関して解釈のスイッチを切り替えた。

いじめられた経験があるから、いじめられる人の気持ちがわかる。それは不登校についても同じ。中学卒業間近、たびたびずる休みを繰り返したわたしのところには出席日数が足りない人だけに送られるアンケートが回ってきた。自分ではそう思ってなかったけど、先生や他の生徒から見ると不登校と呼ばれる生徒だったことを自覚した。

こうした経験があるから、傷つくことにも傷つけることにも敏感になった。

今となっては、こうしたすべての出来事が今の自分をつくっていて、大事な経験だったと感じられる。つらかった思い出でも受け取り方、つまり認識を変えればそうではなくなる――結局すべては自分次第なのだ。

工場を営む父（右端）と母（左端）のもと、放任主義で育てられる。

WHY?

02

ビジュアル系

ビジュアル系にコスプレ。
嫌なものからちゃんと逃げたんだ。

両親は忙しくて放置気味、学校ではいじめにあって問題児扱い。そんなわたしが心の支えにしたのが音楽だった。音楽とくくってしまうと、漠然としすぎてうまく伝わらない。毎日のくらしに充実も自己肯定感も感じられない北関東在住の10代女子を救ってくれたのは……書くのを少しためらうけれど、ビジュアル系と呼ばれる音楽である。

いわゆる「バンギャ（バンドギャルの略なのか？　ギャル!?）」ってやつである。読んでいた雑誌は『バンやろ（BANDやろぅぜ）』だし『SHOXX』だし『FOOL'S MATE』だし『Vicious』。あー、恥ずかしい。だけどめちゃくちゃ懐かしい。

小学校5年生のときにX（当時はまだX-JAPANじゃなかった）が好きになり、そこからビジュアル系にハマった。中学校に入るとうまくいかない日常から逃れるように、さらに深くのめり込んだ。

実際どんな様子だったか……家の近くの新星堂でCDを買って、店でもらったポスターを部屋の壁や天井にべたべた貼る。水戸市民会館にXのフィルムギグス（ギグ！）を観に行くが、もちろん服は上から下まで全部真っ黒。ちなみに水戸まで行く常磐線の車内も真っ黒な人ばかり。だけど帰りは遅くなるので取手駅までお父さんに迎えに来てもらう……本当にどこにでもいるビジュアル系好きの女子である。

わたしは小中と遅刻と欠席を繰り返し、それが学校になじめない原因の一つでもあったが、そこにもビジュアル系は絡んでいる。当時NACK5で深夜1〜3時にやっていたラジオ番組「ミッドナイトロックシティ」。わたしはLUNA SEAのRYUICHIがやっていた木曜日と、DIE IN CRIESのKYOちゃんがやっていた金曜日が好きで、いちおうナマではなく120分テープに録って聴いていたけど、それでもどんどん生活が夜型になっていった。深夜ラジオを聴いているから朝起きられず、学校に行くのが面倒になって休みがちに……あまりにあるあるな悪循環である。

ビジュアル系はいろいろ聴いたけど、特に好きだったのはXのhideちゃんに、LUNA SEAのSUGIZO。楠本まき(『KISSxxxx』)などのゴスロリの世界観も好きだった。

ビジュアル系に関しては、既成概念を壊すような姿勢にも憧れをもった。当時のビジュアル系は世間的に異質な扱いをされていたけど、一世を風靡しているところがあった。

今から振り返れば、hideちゃんは難病の女の子を支援していたし、SUGIZOはその後、故・坂本龍一氏による反原発プロジェクト「STOP ROKKASHO」に参加したりピースボートに乗るなど、積極的に社会活動を展開している。わたしはSUGIZOのインタビューを読みあさっていたので、彼の思想には少なからず影響を受けているかもしれない。ハチドリ舎の店主がビジュアル系バンドのファンだったと告白すると驚かれるかもしれないが、異質さを放ちながらも自分らしさを表現しているという部分で、ビジュアル系と社会活動は根底の部分でつながっている——なんて言えないだろうか？　いやー、言えないか。

いつの時代も、憧れができるとその人のようになりたくなる。

やがてわたしはSUGIZOのコスプレを始めた。髪を立て、原宿のビジュアル系専門店で服を買い、目のまわりを真っ黒に塗る。そしてまた常磐線に乗って原宿に行く。

当時、原宿から代々木公園に向かう神宮橋の上はビジュアル系のコスプレをした人たちのたまり場だった。そこに観光客がやってきて写真を撮る。「わたしもSUGIZOさん好きなんです〜」と声をかけられる。つかの間の自己肯定。よくある変身願望と現実逃避かもしれないが、そんな世界にどっぷり浸かった。

LUNA SEAのファンクラブで知り合った友達と一緒にライブに行く（ちなみにライブネームは「恵梨架」・笑）。『バンやろ』の後ろのほうにあったコスプレ写真館のページに載るため撮影日に出かける。スプレーで髪を立て、ライブ前には円陣を組んで声出しし、手扇子（手を扇子に見立てて踊ること）、ヘドバン（ヘッドバンギング）、目黒「鹿鳴館」の前で出待ち……どう考えても恥ずかしいし、若気の至りもはなはだしい。

中学から高校にかけてのこの時期は文字通り黒歴史に違いないが、でもこうしたコミュニティに属することでわたしは自分を救ってたんだと思う。どうしようもない日常に押しつぶされそうになりながらも、「来週LUNA SEA、Mステ出るし」とか「新譜が出る！予約したら新しいポスターもらえる」とか、そんな小さなことで一日一日をやりすごしていた。音楽に逃げることで死のうとまでは思わなかった。

嫌なものからわたしはちゃんと逃げたのだ。

わたしは不登校だったり、学校でいじめられたりしていたが、そこに劣等感はなかった。まわりに対する違和感はものすごくあったけど、「学校に行かなきゃいけない」とも思わなかったし「学校に行けない自分が悪い」とも思わなかった。幸いなことに、そのつどそのつど、嫌なこと、納得いかないことから逃げることができたし、両親もとやかく言わなかった。

自分が本流や王道にいないことは当時からわかっている。だけどそれは悪いことでも直さなきゃいけないことでもない。ただ、外側にいることの痛みは常に感じていて、それは今でもひきずっている。

外れモノが集まれる場所＝ハチドリ舎をつくったのは、コンプレックスを抱えながらも生きようよ、生きたいよという気持ちの表れだったのかもしれない。

ビジュアル系どっぷりだった頃のわたし(恥)。
今はタバコは吸ってません！

WHY?

03

ピースボート①

夢の夢だと思っていた世界一周。
わたしもやればできるんだ!

学校ではいじめにあい不登校ぎみ。そんな現実から逃げるようにビジュアル系にハマり、ファンの人たちと校外でつるむ。みんなで一緒にライブに行き、コスプレで憧れの人のマネをして、一時しのぎの悦楽に浸る——わたしはそんな高校時代をすごしていた。

ハチドリ舎の片鱗みたいなものはこの時期、まだぜんぜんない。いや、なくはない。家で親が『噂の！東京マガジン』とか『筑紫哲也NEWS23』を観ていて、一緒によく観た。諫早湾の開拓工事、有無を言わさず水門が閉められる映像を見てショックを受けたりしたが、まあそれくらい。当時はSNSもインターネットもなく、これが何を意味するのか学ぶのは難しかったし、自分の気持ちを発信する手段も発散する術も知らなかった。

そんな〝意識低い系〟の青春をすごしていたわたしの高校卒業時の夢は「ヘアメイクアップアーティストになること」。

ビジュアル系好きとしてはありきたりな発想だが、当時オシャレの代名詞だった「バンタンデザイン研究所」に行きたかった。実際に資料も請求した。しかしバンタンは学費がめちゃくちゃ高かった。おまけにその頃、親の工場は経営がドン底で、わたしの貯金すら運転資金に貸すくらいの状態だった。

どう考えてもバンタンは無理。仕方ないので実家の工場の手伝いでもするか……まるっきり夢のない社会人生活のスタートである。

わたしは工場でアルバイトを始めたが、毎日同じ作業の繰り返しでつまらなくてしょうがない。2メートルもある手すりを袋に入れて閉じて次、また2メートルの手すりを袋に入れて閉じて次……。永久ループに音を上げた。

1年も経たないうちに、母の友人の多美ちゃんに誘われて不動産会社の事務職に就いた。いわゆるフツーのOLになったわけである。

OL時代は5年近く続いた。18から23まで。いま考えると、よくもったものだと思う。平日は事務員として働き、週末は友達と遊んだ。この頃は友達のバンドのスタッフになっていて、東京や千葉のライブハウスに手伝いに行った。会社の月給は高くなかったけど、友達とグアム旅行に行ったりもした。

それなりに楽しい毎日だった。まわりもみんなこんなふうだし、このまま誰かと結婚して子供を産んで、つくばとか守谷とか土浦とかで暮らしていくのかな……そう思う一方で、「本当にそれでいいのか？」「一生このままこうして生きていくのか？」という心の声は消えなかった。外面的にはOL生活を満喫しているように見えても、心の中はもんもんとして、ちょっと触れれば爆発しそうにグラグラしていた。

そんなときに出会ったのが、ピースボートだった。

ピースボートのポスターはあちこちの店に貼ってあるので、見たことがある人も多いのではないだろうか。「地球一周の船旅　129万円〜」とか書いてあって、豪華っぽいクルーズ船の写真が載っている、あれである。

わたしの人生の転機になったのは間違いなくピースボートだが、これも自分で見つけたわけではない。知り合いのおばちゃんが乗ると聞いて、なんだかおもしろそうだなと思って問い合わせてみたのだ。

だが、そのときに電話対応してくれたスタッフと盛り上がってしまった。彼はピースボート経験者で、おまけに同い年だった。ピースボートがどれくらい楽しいか、世界を回ることがどれくらい刺激的か、自身の経験を交えて懇切丁寧に教えてくれた。

どれくらい話がおもしろかったかというと、夕ご飯を食べている最中に説明の電話がかかってきて、電話が終わったときには食べようと思ってかき混ぜていた卵かけ納豆ごはんがカピカピになっていた。それくらいおもしろかったのである。そして気がつけば高田馬場にある事務所に行って、直接話を聞いていた。

北関東でくすぶっているわたしに「世界一周」というのはキラキラ輝いて見えた。もとから海外には興味があったし、一生に一度は世界一周してみたいという夢もあった。世界一周したら自分のやりたいことが見つかるんじゃないかという淡い期待もあった。

しかし当時のわたしは今からは想像もつかないほどビビりだった。自分に自信がなく、そんな自分が嫌いなくせに一歩も前に踏み出せない人間だった。バックパッカーなんて絶対無理だからピースボートに連絡したのに、そこでも思いきりガクブルしていた。

説明会に呼ばれても「行ったら申し込まなきゃいけなくなるんじゃないか？」と尻込みした。行くとなったら5年間働いた不動産会社を辞めることになるが、正社員の立場を手放すことが怖くなった。

あとは何よりお金。当時、世界一周が149万円で、早割を使えば129万円。それまで貯めた貯金が100万円ほどあったが、それでも足りない。というか100万円単位の契約をぽいぽいできる度胸もない。

やっぱり世界一周なんて夢のまた夢よ……。

そう自分に言い聞かせ、あきらめようとするわたしを押しとどめたのはピースボートのスタッフだった。彼ら彼女たちはわたしの不安に耳を傾け、弱気になるたびに親身に寄り添ってくれた。

「今より若い瞬間はないよ」

「若ければ若いほうが刺激になっていいと思うよ」

お金に対しても有効なアドバイスをくれた。ピースボートにはポスター貼りボランティア、略して「ポス貼り」という制度があって、まちに出て店と交渉し、ポスターを3枚貼らせてもらうと旅費が１０００円（当時）割引されるシステムがある。わたしは土日をポス貼りに捧げることで、最終的には40万円近い値引きに成功した。さらに銀行のトラベルローンで80万円借り入れた。

わたしが乗船したのは２００３年9月出航の第43回クルーズだったが、申し込みから出発まで1年近くかかった。その間、週末はポス貼りでまちを徘徊し、頭を下げつづけた。弱気の虫が出てくるとスタッフに泣きごとを言い、励ましてもらった。

自分でも「ほんと手がかかる人間だなぁ……」と思うのが、ここまでスタッフに甘えておきながら、出発の直前になって「やっぱり無理！　とりあえず次の44回クルーズに延期します」と言いだしたことだった。世界一周は憧れだったけど、これまでとまったく違う世界、まったく違う文化に飛び込んで3カ月も日本を離れることが怖くなったのだ。

ただ、そう思うかたわらで、「1年近く自分の夢を応援してくれたこの人たちと一緒に旅をしたい」「お互い励まし合ってきた仲間と行きたい」という気持ちも強くあった。ピースボートには同じクルーズに乗る者同士の飲み会があった。ポス貼りをやっているうちに知り合いも増えた。

ピースボートのスタッフ、乗船希望者にはこれまで知っている人たちと違う空気が流れていた。クセの強い人が多かったけど、どんな人でも受け入れてくれる寛容な雰囲気があって、それがわたしには心地よかった。

結局わたしは前言を撤回し、予定通り第43回クルーズに乗船した。ジタバタしてみんなに迷惑をかけたけど、あれはビビりなわたしの最後の悪あがき、人生を賭けた大ジャンプの前のラストのユウウツだったんだろう。

日本を出港した瞬間、わたしは「やればできるんだ!」と思った。

世界一周なんて自分には絶対できない夢だと思っていたけど、本気で挑戦すれば叶えられるんだ! 最終的にオプショナルツアーを加えて200万円を超えたけど、そんな大金も自力で揃えられたじゃん! できないと思っていたのは自分だけだったんだよ!――

あの瞬間、わたしの中で大きな何かが動きはじめたのだと思う。

23歳で乗ったピースボートが人生を
変えた。写真はベトナム寄港時のもの。

WHY?

04

ピースボート②

せめて自分は知らない、関係ないと思う側には立たないでいたい。

わたしはピースボートの第43回クルーズに乗った。

２００３年9月22日、東京晴海埠頭を出発。そこから台湾〜ベトナム〜シンガポールと南下して、インドを通って紅海を北上、スエズ運河を通過して地中海に入り、イスタンブール（トルコ）〜ナポリ（イタリア）〜カサブランカ（モロッコ）。大西洋を渡って南米に到達した後はサンフランシスコ〜ホノルルに寄って東京に戻る3カ月のコース。

さらにわたしは「世界一周なんて人生で一度きり。この旅が最後なんだから行きたいところ全部行かなきゃ！」という気持ちでいたので、ガラパゴス諸島（エクアドル）、マヤ文明のティカル遺跡（グアテマラ）に足を延ばすオプショナルツアーまで詰め込んでしまい、あまりに山盛り、めくるめく大紀行となった。

自分で計画した海外旅行はグアムくらいだった23歳の小娘がこれだけのコースを一気に回るのだから、それは刺激的であり、毎日がカルチャーショックの連続である。

しかし次から次へと訪れるグローバルなカルチャーショックより強烈だったのは、自分自身に対する愕然とした驚き、パーソナルな面でのカルチャーショックだった。

わたしが船に乗っていちばん最初に受けた衝撃は「自分が一日をどうすごしていいかわからない」というもの。

ピースボートでは何時に起きてもいい。何時に寝てもいい。船の上では毎日いろんなところで学びのプログラムから映画上映、ワークショップ、語学教室、次の寄港地の説明会、バスケや卓球などのスポーツ、そして短歌から沖縄民謡から太極拳から南京玉すだれからM−1(!)に至るまで様々な催しが行なわれている。乗船者はそれらを自由にチョイスして洋上の時間を楽しむ仕組みになっている。

しかしわたしはどの企画に参加していいかわからなかった。自分が何に興味があるかもわからないし、それ以前に自分で自分のことが決められない。

わたしには自主性がまったくない……。

思えば高校を卒業して以来、家業の手伝いと不動産会社の事務作業をやってきた。それ以外の時間は仲間と遊んでいた。それはただ流されるだけで、何の目的も目標もない日々だった。とりあえず目の前のものに乗っかっただけだったので、いざ「なんでもしていいよ」という状況に投げ出されたとき、自分が好きなものは何か、自分は何がやりたいのか、判断できなかったのだ。

夢のピースボートで突きつけられたのは、ひとりでは何もできない、ひとりでは何も決められない自分自身の姿だった。

ピースボートでもう一つ痛感したのは「自分は何も知らない」ということ。

「自分に自主性がない」という衝撃の後、わたしは少しずつ自分の足で船の中を冒険するようになった。そのうち小倉祇園太鼓を習ったり、ロックダンスをやったり、在日コリアンや部落差別について学ぶ会などに参加するようになった。

いろんな企画に参加するなかで、次にわたしを襲ったのは「わたしは何も知らないんだ」というショックだった。たとえばフェアトレードについて学ぶ会に出てみると、世界の貿易による経済格差について何も知らないことに気づかされる。発展途上国の虐げられた生産者も、富を搾取する資本家も、それを是正しようと活動する人たちの動きも何ひとつ知らない。世界で起こっていることを本当に何もわかっていない……。

「無知の知」と言えば聞こえがいいが、そのときわたしは目からウロコが落ちるような衝撃を受けた。「自分は無知である」「自分は何も知らない」という事実に打ちのめされた。わたしはピースボートに乗って、在日コリアンの男の子や被差別部落に生まれた人、耳の聞こえない女の子など、これまで会うことがなかった人たちと知り合ったが、ピースボートという広い世界に出たからこそ、これまで自分が生きてきた世界の小ささ、自分自身のからっぽさは痛いくらいに目についた。

やがてその想いは「世界の問題が一向に解決に向かわないことの一端に自分は加担しているのではないか？」という考えにたどり着く。

世界で起こっている問題を知らないということは、その問題を容認していることになる。問題に対して何もできないとあきらめることは、問題の解決を遠ざけ、社会を後退させていくことに結びつく。

そもそもピースボートという活動自体、自分の目で世界を見て、世界を自分事として捉えることで世界をより良くしていこうという理念の上に成り立っている。その運営を自分より若い人たちがいきいきと担っているのもスゴイ。

わたしが無知なまま、いじけたように生きている間に、この人たちは世界を学び、自分の意志で行動していたのだ。

それを誰よりも鮮やかに教えてくれたのが、前のほうでも書いたパレスチナのガザ地区からやってきたザヘル・ハビーサさんだった。

ザヘルさんはゲストスピーカーとして途中からピースボートに乗ってきた。齢はわたしより2つ上の25歳。それまでイスラエル問題もエルサレムのこともニュースとしては知っていたが、当事者に会うのは初めてだった。

わたしは講座で話し終え、お茶を飲んでいたザヘルさんに近づいた。そしてつたない英語と日本語を混ぜて話しかけた。

「いまとても危険な場所に暮らしていて、逃げ出したいと思わないんですか？」

ザヘルさんは静かに答えてくれた。

「ぼくは家族がいるところがいちばん安心できる場所だから、いつも家族のもとに帰りたいと思っているよ」

この人は毎日死の危険と隣り合わせの状況にいながら、日本から来た何も知らない女の子との会話に付き合ってくれている。なんて優しいんだろう。こんなに優しいザヘルさんがどうして弾圧され、ひどい目にあわなきゃいけないんだろう……。

ザヘルさんの優しい心が、わたしの中の責任感を引き出した。わたしは世界にこんな人がいることも知らず、のうのうと暮らしていた自分が悔しくて仕方なかった。

ザヘルさんとの出会いは、テレビの向こうの世界紛争が自分事になった瞬間だった。不条理な事件や戦争に巻き込まれている人が自分と同じ、悩んだり苦しんだり楽しんだり笑ったりする〝にんげん〟なのだと実感することで、そうした問題は他人事ではなくなる。彼らの背景や想いを知ることで、世界はリアリティに満ちていく。

「せめて自分は、知らない、関係ないと思う側には立たないでいたい」――それは今のハチドリ舎に続くわたしの原点だ。

ザヘルさんとは船の上で1～2週間一緒にすごした。ザヘルさんがポートサイド（エジプト)で船を降りるとき、わたしは甲板から手を振った。もう二度と会えないかもしれないと思うと、涙がとめどなくあふれ出た。
「絶対にこの問題、なんとかします!」

「もっともっと勉強します!」

そんなことを心の中で繰り返していた。


2021年5月12日、ガザにあったザヘルさんの集合住宅は爆撃され、完全に破壊された。それを受けてピースボートが行なった再建支援で2023年7月末に完成したばかりの家は、2023年10月7日に始まった戦争で再び破壊された。ザヘルさんはいま、ガザ中部のデールハムに避難してなんとか無事に暮らしている。

ザヘルさんは言う。

「私がパニックを感じるのは、同じ光景、同じ爆撃、犠牲者の映像が繰り返されることで、世界はここで起きていることに慣れ、あるいは退屈し、ガザが何の影響力もない繰り返される物語になってしまうかもしれないということです」

わたしはガザで続いている戦争は、単なる遠いニュースの見出しではないと感じる。これを人間の悲劇の物語にしてはならないと毎日思いつづけ、パレスチナの企画を続けている。

初めて出会った紛争当事者はパレスチナのガザに住むザヘルさんだった。

WHY?

05

広島へ①

「迷ったら迷わず楽しい道へ行け」、その言葉が背中を押してくれた。

「わたしにもできる！」「もっと勉強したい！」――初のピースボート乗船は多くのことを教えてくれたが、大きなものを挙げるとすればその2つ。自分自身の肯定と、学びに対する意欲の高まりだ。

ただ、ピースボートは「この1回で終わり」だと考えていた。刺激に満ちた楽しいばかりの3カ月をすごしたけど、船を降りたらこれまでと同じ日常が待っているのだろうと思っていた。正直言えば、先のことについては何も考えていなかった。

ところが船が日本に着く直前、スタッフの一人からピースボートの仕事をやらないかと声をかけられた。話を聞くと、お給料はあんまり高くない。心惹かれるものはあったけど、今回の旅のために借りたお金も返さないといけなかったので断ることにした。まずは地元に戻って、地道に働いて、とりあえず旅行のローンを返済する。その後のことはそのときになってから考えようというつもりだった。

ところが地元のつくばみらい市に戻っても、ピースボートのことが頭から離れない。今こうしている間にも世界ではいろんなことが起こっている。勉強に対する意欲も強かったが、図書館に通って本を読むようなタイプでもないので、「だったらワークショップや講演が行なわれている船上にいたほうがよっぽど勉強になるんじゃないか」と思った。

どうしようかな……ピースボートで働きたいけど借金も返さないといけないし……。わたしは仕事に就くこともなく、実家のソファでゴロゴロモヤモヤを繰り返した。

お金の問題もあったが、ピースボートのスタッフになることは怖くもあった。これまで実家や不動産会社で働いていた、いわゆる〝普通の人生〟からドロップアウトしてしまうような気がした。友達に相談しても「やめときなよ」と即決で言われた。そっちの世界は確かに魅力的だけど、お給料は少ないし、そもそもそんな世界で自分は生きていけるのか……わたしは自分の進路に関して毎日ウンウン悩みつづけた。

そんなときに出会ったのが軌保（のりやす）博光さんの本だった。軌保さんは若い頃、山崎邦正（今は落語家の月亭方正）さんと「TEAM－0」というコンビを組んでいた芸人さんで、コンビ解散後は映画を製作したり路上詩人をしたり様々な活動をしていた。

その軌保さんが書いた自叙伝『感動無き続く人生に興味なし。』（クラブ・サンクチュアリ刊）が心に直撃した。読んでいるうちにどんどん勇気が湧いてきた。さらに決定打になったのが『答』（同）という書画集に載っていたこの言葉（書）だ。

「迷ったら迷わず楽しい道へ行け。」

軌保さんの「もし二つの選択があって、楽しいか楽しくないかで決めたらパーフェクト。楽しくない道を選んだら毎日楽しくないし、それは当たり前の話。だって自分に嘘ついてるから……」という考え方が身に沁みた。本当にそうだなぁと思った。

その後、わたしは軌保さんのサイン会に行き、「あなたの言葉のおかげで楽しい道を選ぶことができました」と直接お礼を伝えることになる。

ウンウン長い葛藤の末、いろんなものに背中を押され、やっとわたしはピースボートに就職することを決意した。24歳で茨城を離れ、東京に出て行った。

結局24歳から29歳までの5年間、ピースボートで働いた。スタッフとしてピースボートに乗ったのが3回で、サポートスタッフとして乗ったのが2回。最初の自費の1回を加えると、全部で6回も世界一周の旅をしたことになる。

ピースボートでは多くのことを学んだ。それまでやったことがなかった人前で話す機会も増えたし、洋上で配る船内新聞の編集長も担当した。企画の立て方やワークショップの進め方など、今のハチドリ舎にも通じる技術はここで身につけたように思う。

船に乗ってないときも仕事は充実していた。ピースボートは多くの人に乗船してもらうため、定期的にクルーズ説明会を開催したり、ボランティアさんにお願いしてポスター貼りを実施したりする。

大阪事務所に配属になったときは、夢を叶えたい若者たちのサポートをする役割を任された。親の反対に悩んでいる人には「まずは手紙を書いてみたら？」とアドバイスしたり、お金のことで困っている人にはポス貼りのプランニングをしたり、アルバイトの計画を一緒に立てたりした。

それはまさしく、少し前の自分と向き合う行為だった。わたしは自分の葛藤を話し、自分の選択を語り、自分が受け取った感動を伝えた。彼らの弱気はわたしがかつて抱えていた弱気だった。さらに準備が整い、出発する前には、晴れがましい表情で「安彦さん本当にありがとうございます。行ってきます！」とお礼を言われた。帰ってきたら「おかげで自分を見つめなおすことができました」と感謝の言葉までもらえた。

わたしはやがて「これって天職じゃないかな？」と思うようになっていった。誰かに伴走し、誰かがどんどん自由に、解放されていく姿を見ることは、なんて幸福ですばらしいことだろう！　それくらい強いやりがいを感じた。

２００７年2月、広島事務所に転勤が決まった。茨城育ちのわたしに広島との縁は何もない。修学旅行で来たはずだが、何をしたかぜんぜん記憶がない。

夕方、広島駅に着いてタクシーに乗ると、街は闇に包まれ空気がどよんとしているように感じられた。

わたし、ここでやっていけるのかな？……それが広島に対する最初の印象だった。

背中を押してくれた軌保博光さんの自叙伝
『感動無き続く人生に興味なし。』

WHY?

06

広島へ②

大事なのは場所ではなく人だ。
好きな人たちを優先したい。

核廃絶に関する活動をやっていると、昔から核問題に関心があって広島で店を開いたと思われることが多い。本当は順番が逆で、わたしはまずは広島に居着き、そして核問題に関心を深めていったというほうが正しい。それまで核への興味はなかったわけじゃないけど、広島で多くの人に出会い、交流を深めることがなければ、今のような形にはならなかったと思う。

わたしは29歳のとき、ピースボートの広島事務所に赴任した。第一印象は「なんだか暗い街」と冴えないものだったが、まるでよくあるラブコメドラマのように、その後わたしと広島の仲は急接近した。

どれくらい急接近したかというと、「ピースボートセンターひろしま」で働いたのはたった1年だったはずなのに、その期間にやったことといえば――。

地球環境の変動に警告を鳴らすフリーペーパー『豪快な号外』(ちなみにこの活動の発起人は前章に登場した軌保博光さん)の配布のため、環境問題に関心をもつ人たちとつながった。別の場では、気候変動に興味をもつ人たちと「フロムグラスルーツひろしま」という団体を立ち上げた。一般の人に環境問題に関心をもってもらうため、街に落ちているゴミを拾ってサンタの袋に入れていく「サンタプロジェクト」をやった。「アース・ピース・ヒロシマ－ナガサキ」というイベントに携わり、反核活動を展開する人たちと知り合った。地球温暖化を訴える『不都合な真実』や想田和弘監督の『選挙』といったドキュメンタリー映画の上映会も企画した――これが1年のうちに入っているのだ。ピースボートの仕事もやりながら、こうした課外活動を同時に行なっていたのである。

考えてみれば、どれも今のハチドリ舎の企画の原型になっているものばかりだ。広島に赴任した途端、社会的視点をもっている人たちと次々と交流が生まれ、あっという間にネットワークが広がっていった。

ピースボートの仕事をしながらどうしてそんなことができるのか不思議に思う人もいるかもしれないが、答えはカンタンで、ちょうどそのとき、広島事務所は2人体制から1人体制に切り替わるところだった。わたしは誰の監視もなく、お目付け役もいない1人事務所で、好き放題することができたのだ（もちろん仕事はちゃんとやってました！）。

とにかく広島では出会いに恵まれた。水が合ったというか、志を同じくする仲間がたくさんできた。

そのなかでも一番の出会いと言えるのが、外国人として初めて「広島平和文化センター」の理事長に就任したスティーブン・リーパーさん。

わたしが広島に着任した2007年、スティーブは広島平和文化センターの理事長になったばかりだった。わたしはピースボートの人間として挨拶に行ったのだが、そのときは別の作業もあってパーカー姿というカジュアルな服装だった。ビシッとスーツを着込んだスティーブに失礼を詫びると、スティーブはわたしの服を指して「僕もそれを着たいです」とニコッと笑った。その一言で緊張がほどけた。

スティーブは母国アメリカで反戦運動や反核運動をしていたヒッピーで、だから偉いポジションにいても気さくで話しやすかった。言葉に力があり、周囲の人に勇気を与える存在でもあった。

当時わたしは核問題に興味があって、何かしたいとは思っているけど実際は何をしていいかわからない状態だった。彼はそんなわたしに具体的なきっかけをくれた。

たとえば、出会った直後に「イベントを手伝ってくれないか？」と言われた。それは7月7日、世界七大陸で同時開催される地球温暖化防止コンサート「ライブ・アース」の広島での中継。ライブは日本からもY.M.O.やAI、Coccoや倖田來未、渡辺謙らが参加する大規模なものだった。

わたしは広島に来て、どんどん自分が解放されていくのを感じていた。日々新しい出会いがあり、新しいプロジェクトが生まれていく。ピースボートのオフィスも一人きりだからある程度自由がきくし、自分が本当にやりたかった社会活動を実現できる道筋も見えてきた。

しかし、そんな最中の２００８年2月、ピースボートセンターひろしまの閉鎖が決定した。着任してわずか1年で広島事務所はなくなることになってしまった。

ピースボートに残って広島を離れ、別の事務所に転勤するか。でも広島でやり残したことはたくさんある。まだまだやりたい。仲間もたくさんいる……。

わたしはまたも選択を迫られることになったが、心はなんとなく決まっていた。ピースボートに乗って以来、「大事なのは場所ではなく人だ」という感覚を信じるようになっていた。今の時代、好きなように移動できるんだから、好きな人たちと好きなように生きていくことを優先したい。

わたしはみんなに壮大な送別会を開いてもらい、いったんは広島を離れた。だけど広島のアパートは借りたままにしておいた。きっとこれで終わりにはならないし、ここに戻ってくるだろうという予感があった。

そして２００９年1月、ピースボート退職。ちなみにそのちょうど1カ月前、わたしは30歳の誕生日を迎えていた。

新しくスタートした30代。今度は自分で選んだ場所として広島で暮らす生活が始まった。

広島ではたくさんの出会いに恵まれた。被爆者の中西巌さんもその一人だ。

WHY?

07

開店前夜

いったいわたしはどうしたらいいんだ！
みんなが背中を押してくれた。

広島に戻ってからも目をかけてくれたのはスティーブだった。

わたしは2010年の核拡散防止条約（NPT）再検討会議で条約を強化するため、核廃絶の言葉を入れた「ヒロシマ・ナガサキ議定書」への賛同を自治体首長に求める「Yes！キャンペーン」実行委員会の事務局長を務めたが、誘ってくれたのはスティーブだった。そのキャンペーンのおかげでニューヨークで行なわれたNPT再検討会議にも参加できた。スティーブとは核兵器について考えるアートブック『NOW！』も製作した（2011年7月発刊）。その本の製作をきっかけに若手アーティストたちと立ち上げた「PROJECT NOW！」では2015年に至るまで10回以上のアートイベントを行なった。

スティーブは広島の父親のようでありながら、同志と呼べる存在だった。彼のやりたいプロジェクトはわたしも必要だと思えるもので、よく一緒に活動した。

スティーブは収入が不安定なわたしの生活も心配してくれた。仕事がないときは簡単な作業を回してくれたし、アトランタの彼の実家に3カ月間、ハウスシッター兼ペットシッターとして滞在したこともある。何かにつけて気づかってくれたことには感謝しかない。

彼からもらったのは核軍縮という視点だった。

広島にいると原爆が引き起こしたむごたらしい実情に目を向けることが多い。核兵器が人間に使われるとどうなるか、世界の人に知ってもらうことが核廃絶につながる。

「それを実感をともなって発信できるのは日本のみなさんだ」とスティーブはいつも言っていた。日本にいるわたしたちだからできることがある。広島に暮らしている人間だから説得力をもって伝えられるメッセージがある。

いつもそう思わせてくれたスティーブには、この広島で活動することの意味や、あきらめずに動きつづける意志をもらったんだと思っている。

わたしはそんなふうにして30代、広島を拠点に駆けまわった。いろんなプロジェクトに奔走した。

このとき、収入は契約やパートタイムが基本で、無職のなかに時々有給の仕事があるという状態だった。

そんな生活をするようになったのは「わたしのことはわたしが決めたい」という信念のようなものがあったから。組織のなかで働いていた頃、わたしのミスの責任をとって上司が減給されたことがあった。ありえない。わたしの責任はわたしがとりたい。他の誰かにとられたくない——強くそう思った。

しかしまわりを見ても、ヒエラルキーの存在しない組織なんてどこにもない。そこからわたしは1つの場所に1年以上とどまるような仕事には就かないことにした。それは自分の心の健康を守るためだった。

生活はずっとカツカツだったが、将来への不安は感じなかった。目の前には常に夢中になれるプロジェクトがあり、若いから何も考えずに突っ走れた。きっと何とかなるだろうと思っていたし、実際ある時期までは何とかなっていた。

その流れが37歳のとき、不意に止まった。スティーブからいつものように次のプロジェクトの話があったが、それが暗礁に乗り上げ、ぽっかりと時間が空いてしまった。

急にわたしは現実に引き戻された。いつもなんとなく続いていた仕事の道が止まってしまった。自分の将来について考えざるをえなくなった。気がつけばもう若いとは言えない年齢になっている。貯金も20万円しか残っていない。

——これからわたしはどうすればいい？

わたしはハタと考え込んだ。自分にあるのは社会変革に対するアクションの経験と情熱のみ。それを引き続きやっていきたいという気持ちしか湧いてこない。

しかし仕事は見つからないし、いよいよお金も尽きかけている。

誰かが「自分でお店でも始めちゃえば？」と提案してくれたが、当時はそんなことができるなんて思っていない。わたしはお金の管理もできないし、責任者として場所を運営する自信なんてない。

そんな状況でも「社会にプラスになることをしたい」という意志だけはあった。というか、わたしの望みはそれだけだった。でもそれをどうやって実現していいかわからない。そして現実世界では38歳の誕生日を迎え、頼れるパートナーもおらず、将来も見えず、お金も乏しく、ひとりぼっちで２０１６年が暮れていく。

そんな切実な想いのなか、年の瀬すがるような気持ちでFacebookに書いたのが以下の文章だった（注：今であれば使わないジェンダー表現があります）。

どうも。なんと、38歳になりました。彼氏も旦那もいないまま（笑）。や〜、あっという間。30代もあと2年です。

孔子は、15歳を「志学（しがく）」、30歳を「而立（じりつ）」、40歳を「不惑（ふわく）」、50歳を「知命（ちめい）」、60歳を「耳順（じじゅん）」、70歳を「従心（じゅうしん）」と呼んでたそうだけども、あと2年で不惑になんて辿り着けそうもない。というか、どっちかってと、ちゃんと惑っていたい。「これしかない！」って思うことで見失う何かがあるような気がして。

とか、フラフラしているわたしをいつも生温かい目で見守ってくれているみなさま、本当に本当に感謝しています。ありがとう。

わたし、前々から気兼ねなく〝社会ごと〟を話せる場所を広島でつくりたいと思っていて。おしゃべりやイベントが中心で、お酒もお菓子も珈琲も全部オーガニックなブックカフェをやろうと物件探しはじめてます。

県外や海外から来た人が「あそこに行けば情報は得られるし、硬派なトークもできるよ」って場所。「平和って何？」を探してる人が集う場所。本もそーゆー本ばっかり。ピックアップ時事ネタとかがミニ黒板に書いてあるみたいな（笑）。

平和公園を中心に市電の線路が囲んでいる内側のエリアで、30人規模くらいの空き物件や大家さんをご存知の方がいましたら教えてくださーい!!

他にも何かいい情報があれば、誕生日プレゼントにください♪（笑）

年の瀬が誕生日なもんで、滅多にお祝いなんてしてもらえないけれども、夜は忘年会に乱入させてもらえることになったので、ケーキが食べれそうです♪　わーい！

12月30日〜1月10日まで茨城に帰省しま〜す。

そしてみなさん、良いお年をー!!

……文面だけ見ると、まったく煮詰まっている人のようには見えない。でもわたしは考えに考えて、悩みに悩んで、とりあえずいま頭の中にあるイメージ、理想を（あえて軽いタッチで）ＦＢに書いた。その反応を見て次の行動を決めたいと思っていた。

ＦＢでは堂々と「物件探しはじめてます」なんて書いたけど、実際は物件探しが趣味の友人に聞いてみたりネットで少し検索するくらいしかしていない(笑)。

ちょうどこのときは実家に帰省していて、投稿を上げる前に母にこの話をした。母は家業の工場の経営者であり、経営者という意味では先輩である。母は計画には賛成してくれたが、わたしが「人に頼るのが苦手だから難しいかも……」と弱音を漏らすと、「経営は人に頼らないとできないから、そう思うのなら難しいわね」と冷静に答えてくれた。痛いところを突かれたわたしは半泣きである。

なので、その投稿には「うう……それでもやりたい……」という気持ちと、「それでみんなはどう思う？」という２つの気持ちが込められていたように思う。

結論として、この投稿には多くの友達が反応してくれた。５０３件の「いいね！」がつき、１４１のコメントが寄せられた。コメントには誕生日に対するおめでとうとセットで、わたしが書いた夢に対する賛同の声もたくさんついていた。

「全面協力させてもらいます」

「ガンガン進みますように」

これまで出会い、つながった人たちの応援がパワーをくれた。

もしかして、みんな期待してくれてる？　これならいけるんじゃね？

こうしてわたしはハチドリ舎をやる覚悟を決めた。みんなに背中を押してもらって、みんなの好リアクションに手ごたえをもらって、やっと踏み出すことができた。

そう考えると、ハチドリ舎はわたしの特性を知っている人たちがやらせてくれた店だと言えるかもしれない。臆病で、慎重で、自分の人生の決断もできなかったわたしは、仲間の力を借りて押し出されるようにして開店に向け動きだすことになった。

それからの流れは前述した通りである（具体的な店のつくり方は「ＨＯＷ？」の各章参照）。

WHY?

08

災害ボランティア

豪雨災害のボラセンを体験して、組織づくりの重要性を痛感した。

ここまでお店を立ち上げるまでの流れを書いてきた。お店を始めてからのことは「ＷＨＡＴ？」や「ＨＯＷ？」のなかでさんざん書いた。あと書いてないことは何だろうと考えたとき思い浮かんだのが、災害ボランティアセンター（以下、ボラセン）での経験だ。

わたしが最初に災害ボランティアに参加したのは、２０１４年8月の広島の豪雨災害のとき。線状降水帯の影響で、広島市北部の安佐北区・安佐南区で土砂崩れが発生し、77人が犠牲となった。住宅地での土砂災害は多くの人的被害を引き起こした。

このときは知人のFacebookでの呼びかけに応えて、安佐北区のボラセンに入った。任されたのは「改善班」という役割だった。

ボラセンは被災地のボランティア活動をスムーズに進めるため、被災者のニーズとボランティアの想いをつなぐ役割を果たす。だがパニック状態のなかで立ち上げられるため不具合が発生しているケースが少なくない。そこで組織全体を見わたして、滞っている箇所を見つけ、みんなが効率よく働けるように仕組みや構造を修正するのが改善班の仕事だ（注：改善班は通常のボラセンにはなく、このときだけあった）。

わたしはこれまでピースボートや選挙の手伝いの経験があったので、こうしたドタバタした状況での火事場仕事に慣れていた。だから水を得た魚のように動き、数々の改善をしていった。

ボラセンは基本、地域の社会福祉協議会が立ち上げ、その職員が運営する。わたしは人員配置の変更を提案して、各班の仕事が効率的に引き継げるよう毎朝差配した。最初は1週間のつもりが最終的には1カ月半ほど現場に通い、安佐北のボラセンを中心に安佐南でも活動した。

行ってみるとわかるが、組織のあり方によって復興のスピードは段違いに変わる。特に災害が起きてすぐの急性期に対応を誤ったり、機能しない組織や使いにくい会場レイアウトをつくってしまうと、せっかくの市民ボランティアが必要なところに行けず、被災者の救済を遅らせてしまうことになる。

わたしは2015年、東日本豪雨で鬼怒川が決壊したときも、たまたま東京にいたので現地の社会福祉協議会に直行した。被災した茨城県常総市は実家のすぐ近くで、母に電話して車を手配してもらい現場に駆けつけた。

2018年、呉市や小屋浦地区など瀬戸内沿岸を襲った西日本豪雨のときも、広島市安芸（あき）区のボラセンの立ち上げに関わった。このときは4年前の安佐北区のボラセンのセンター長が安芸区のサポートに入っていて、以前の縁で声をかけてくれた。

こうした現場に何度も足を運んでいると次第に顔見知りが増えていく。〝プロ・ボランティア〟のような人と仲良くなり、誰が何を得意としているかわかるようになるし、情報交換のスピードが速くなる。そして自分はいま何をするべきか、この現場は何がネックとなっているか察知できるようになる。

わたしが思うに、ボラセンのような緊急を要する場でいちばん困るのは、外部に対して排他的な人である。現場で、まるで自分のテリトリーが侵されたかのように「ここはわしらがやっとんじゃけえ口出すな！」と怒る人がたまにいる。でも見ると何もできてない。逆にまわりにどんどん任せていける人は現場がうまく回っていく。

よく緊急の現場で指示待ち族は使えないと聞くが、わたしはそうは思わない。そういう人はそういう人で適材適所、スコップを持って作業してもらえばいい。それより面倒なのは、こうした状況にもかかわらず、前例がないことを怖れて判断を後回しにするような人が対策本部の上に居座ってしまうことである。

そこで思うのは、ボラセン等の拠点にはボランティアに慣れている人、現場能力の高い人をきっちり配置することが重要だということ。それ以前に、そうした経験と実行力をもつ人がもっと増えて、常日頃から自治体と連携した状態にしなければならない。

中央共同募金会を設置主体にした「災害ボランティア活動支援プロジェクト会議（通称・支援P）」という組織がある。ここは平常時には災害支援に関する啓発や人材育成を行ないながら、災害時には多様な関係者と協力して被災者支援にあたることを目的にしている。

２０２４年初の能登半島地震もずっと気にかかっているし、南海トラフ沖地震の可能性、台風や豪雨災害など、日本は特に自然災害の多い国だ。今後は各都道府県で最低５人はこうした専門人員を確保しておく必要があるのではないだろうか。こうした部分に行政が予算をかけて、もしものときの対応策を準備しておくことも重要だろう。

わたし個人としては、今後も自分のできる範囲でこうしたボランティア活動には参加していきたい。ただ、わたしの場合は急性期専門。非常時にはいかに現場を回していくかが最優先になる。既存のヒエラルキーが消えて目の前の人対人の関係がクローズアップされるからこそ、いきいきと活動できるのだと思う。

災害が落ち着いてくると、みんな夢から醒めたように「なんでこんな小娘の言うこと聞かなきゃいけないんだ?」となる。そうなるとお役ご免だ。加えて、復旧期に入るとボランティアも生活支援が中心になり、できることは少なくなっていく。それまでの約1カ月間、緊急事態の混沌とした状況がわたしの活きる場所なんだろう。

忘れてはならないのは、本来ボランティアはボランティアのためではなく、被災者が一刻も早く生活を取り戻すためにあるもの。それを実現するためにも、ふだんから相応の仕組みを整備することの重要性をもっと訴えていきたいと思う。

広島市安佐北区のボラセンに入ったとき。
災害は急性期の対応が勝負だ。

WHY?

09

よろこび

小さな出会いが社会を変える
大きなうねりにつながるかも。

これまでの7年間のハチドリ舎の日々を振り返って、うれしかったことを数えていけばキリがない。つらいことはほとんどなくて、楽しいばかりの毎日だ。まあ、自分がやりたいことをやってるだけだから、そうなるのが当たり前なんだけど。

つい先日もうれしい瞬間に立ち会った。

それは8月6日、広島原爆の日で、この日はマスコミも含め多くの人が広島を訪れる。そんななか、「ずっとハチドリ舎に来てみたかったんです」という人が店を訪ねてきてくれた。たまたまそのとき広島のジャーナリストの友達がいて紹介すると、二人は共通の友人がいて話が盛り上がる。さらにＩＣＡＮの関係者が来店し、「あれ、みんななんでここにいるの？」と合流する――。

それぞれ別々に来ていたはずが、ハチドリ舎でバッタリ出会う。もともと知り合いじゃなかったのに、会って話してみると「あなたがあの！」となったり、共通の知り合いを見つけたりして意気投合する。そして新しい計画の相談が始まっている。

わたしはそういう瞬間を見るのが、たまらなく好きだ。人と人が出会い、何かが生まれる。ハチドリ舎という場所を起点にして、これまでなかったつながりができる。それはお店をやっている人間として一番の醍醐味と言っていい。

ハチドリ舎は店にいた人たちが横でつながり、知らない間に豪華キャストになっていることがしょっちゅうある。常連客の友達として来店した人が、時間があるからといってたまたまその日やってた夜のイベントに参加し、さっき会ったばかりの主催者と盛り上がっている。前もって約束していたわけでもないのに、広島平和文化センター元理事長のスティーブン・リーパーさん、詩人のアーサー・ビナードさん、外国人向け情報サイト『Get Hiroshima』編集長のポール・ウォルシュさんという広島に縁のある外国出身の面々が、たまたま一堂に会して互いにおしゃべりしている風景もあった。

予想外のミラクルに興奮しながら、わたしはそれを見て裏でニヤニヤしている。別に自分が盛り上がりの中心にいたいわけじゃない。むしろ輪の中心にはいたくない。根暗なのかもしれないけど、その偶然の化学反応を脇からコッソリのぞき見ている感じが本当に楽しいのだ。

それはわたしがハチドリ舎に対して、どこかサロンみたいなカフェになったらいいという願いがあるからだろう。

『カフェから時代は創られる』(飯田美樹/クルミド出版刊)という本があるように、カフェは文化の拠点になりうる存在だ。ピカソやヘミングウェイが集った20世紀初頭のパリのカフェ、作家や文化人たちが激論を交わした銀座の文壇バー……そういったサロンにわたしは昔から憧れがある。

だからだろうか、普通のカフェなら一度席に座ったら動かない雰囲気だが、ハチドリ舎はすぐにジョインできる空気感ができている。お客さんが流動的に動き、自然とつながっていける。

それに「この人たちはつながったほうがいいな」と思ったら、双方に声をかけて紹介したりする。才能をもっている人ほど「おれがおれが」ではなく、静かに笑っていたりする。だけどせっかくこんなにおもしろい人がいるのにもったいない……だからついついまわりに宣伝してしまう。こういうときは、おせっかいさんに変身するのだ。

それにしても、わたしはどうして人と人をつなげることにこんなによろこびを感じるのだろう。

それはいい社会をつくっていきたいという視点をもつ人がつながることは、社会を確実に前進させるという感覚があるからかもしれない。近しい理想をもちながら、だけど得意分野が違う人たちが交流することで、何かがスパークするかもしれない。新たな刺激が生まれるかもしれない。出会い自体は小さくても、いつかそれがバタフライエフェクトのように社会を変える大きなうねりに発展していくかもしれない――。

まあ、そこまで大きなことを期待しているわけじゃないけど、出会いが人生を彩るという要素は確実にあると思う。わたしもこれまでの人生、多くの出会いに恵まれて今の自分が形づくられた。だからみんなも気の合う人とたくさん出会ったらいいし、お店がそんな出会いの場になってくれれば言うことなしだ。

ハチドリ舎が出会いの場になっているというのはわたしにとっても同様で、近年はありがたいことに「広島に行ったらハチドリ舎に行こう」と思ってくださる方がけっこういる。

先日は元・長崎市長の田上(たうえ)富久さんが普通にお客さんとして来店し、お茶を飲んでおられた。田上さんはあまりにも自然にカフェに溶け込んでいたので最初は気づかなかったけど、「……もしかして田上さん？」となってこちらから声をかけた。そこからは「いろいろお話聞かせてもらえませんか！」「連絡先を交換させてもらえませんか！」と大騒ぎである。せっかくの来店、スルーしなくてよかった〜。

こうした出会いがあるから、カフェはやめられないのである。

もう一つ、わたしがお店をやっててよかったと思うのは、お客さんがどんどん元気になっていく姿を目の当たりにするときである。

社会課題について自由に話せる場であるハチドリ舎にはいろんな人がやってくる。そのなかには何かの問題を抱えていたり、悩みをもつ人も少なくない。そういう人がここで学び、出会い、仲間を得るなかで、本来の自分を取り戻し、パワーアップしていくことがしょっちゅうある。そういう瞬間に立ち会えることは本当に幸せで、これもソーシャルカフェ冥利に尽きる。

一部上場の大手企業に勤めている文ちゃん(川上文さん)もその一人だ。

彼女がハチドリ舎に来たときは、今の姿からは想像もつかないくらい沈み込んでいた。就職氷河期に入社。「男性並みに働かないと企業に残れない」「ライフイベントのせいで会社から不要だと思われないようにしないといけない」と過剰に働きつづけ、心身を壊して休職。マタハラも受け、うつ状態に陥り、お店に来たときは「働いてない自分には何の価値もない」と自分を虐める状態だった。

「それでもなんとか外に出なければ」と思うなか、知人に勧められハチドリ舎に来た文ちゃん。ちょうどその時期にわたしが立ち上げはじめた「ジェンダーを考えるひろしま県民有志」に誘ってみた。やがてメンバーのみんなと言葉を交わしているうちに、「わたしがいま苦しいのは自己責任じゃない。今の社会構造や規範がそうさせているのだ」という事実に気づいたようだった。

そこから文ちゃんは回復していく。だが、彼女はただ回復したわけではない。「こんな経験をしたわたしだからこそ会社を変えられる可能性がある」「後輩の女性社員が自分と同じような目にあわないようにしたい」という新たな役割を胸に、元の会社に復職したのだ。

挫折をきっかけに社会を見つめ、自分自身を一段階アップデートした形で新たな人生をスタートさせたのである。

彼女は「今は仲間がいて、自分ひとりじゃないという感覚があるからがんばれる」と言ってくれる。すっかりお店の常連さんとなった文ちゃんは今、前よりも楽しそうでなによりなのである。

同じく「ジェンダーを考えるひろしま県民有志」メンバーで、前出のNVCの企画を一緒にやっているたかちゃん（能美たかこさん）も、当時と今ではまるっきりパワーが違っている。

初めてハチドリ舎に来たとき、彼女は離婚して故郷の広島に帰ってきたばかりだった。2児を抱えたシングルマザーとして生きていかなければならない不安を抱えつつも、元夫から「君に何ができるっていうの？」と言われたときに何も言い返せなかった経験から、ようやく自分で立ち上がろうと希望をもち、動きはじめたところだった。

話しているうちに、たかちゃんはヨガインストラクターとしてのキャリアに加え、NVCの経験があることがわかった。わたしもNVCに出会ったばかりだったので、「一緒にやろうよ！」と盛り上がった。最初はまだお互い自信がなく、2人でエンパシーサークル（話し手の感情を尊重したうえで聞く語り場）を進行していたが、みるみるうちに腕を上げ、今は一人で場をホールドできるまでになっている。

たかちゃんも「ハチドリ舎があってよかった。広島に友達がいっぱいできてよかった」と言ってくれる。わたしにとっては元気な彼女の姿を見られることがうれしいし、今はむしろたかちゃんがわたしの泣き言に付き合ってくれる間柄である。

いま2人の例を挙げたけど、もちろんここでわたしは自分が彼女たちに何かしてあげたと言いたいわけではない。きっと世の中には〝併走のチカラ〟というのがあって、自分では「そんなことできない」と思い込んでいることでも、誰かがそばにいて、「できるよ」と信じてくれたら、いつのまにかできるようになっていたりするのだろう。

ハチドリ舎は今後もそんな場所でありたい。ドラマチックな出来事はなくても、店に通うなかで心が癒され、同じ問題意識をもった仲間に会えて、じわじわと自分の能力に目覚められるような、そんな場所——。

わたしにとって、人が自分のチカラで立ち上がる姿を見られることが心からのよろこびなのだ。

WHY?

10

これから

ハチドリ舎に2号店はない。
次はあなたがはじめる番だ。

いつの頃からか、わたしはずっと先のことを考えなくなった。いまお店のイベントは2カ月先まで決めているが、そこから先のことは何も決まっていない。常に2カ月先、また2カ月先、さらに2カ月先……それがずっと続き、あっという間に1年が過ぎている。いつも出たとこ勝負で生きている。

思えば旅行や出張に行くときも、なるべく先の予定は決めたくないタイプだ。新幹線は基本自由席。だってもし予定を決めてしまったら、急に出会った誰かとゆっくり話したいと思ってもそれができなくなってしまう。一緒にランチを食べようとなっても、帰りの電車があるからとあきらめたりするのがどうしてももったいない。

それと同じで、仮に夢や目標を決めてしまうと、それによって別の何かが制限されるかもしれず、わたしはそれがイヤなのかもしれない。未来のために今はこうしなきゃいけない、あれをしなきゃいけない……それはあんまり自由じゃない。

カッコよく言えば、今を生きるということ。わたしは心身ともに健康であれば、何でもできると思っている。どんなにハードルが高くても乗り越えていけるという、これまでの自分がやってきたことへの信頼がある。今は何がやってきても「どんと来い！」という気分で楽しみだ。

実際、やりたいことはたくさんある。わたしはいつも今ある社会課題の解決策や、自分たちが楽しく暮らすための改善策を考えている。

いつか広島に「ソーシャルビル」をつくりたいというのは夢の一つだ。ソーシャルビルというのは、そのビル全部が社会課題の解決を視野に入れたお店や会社で埋められたビルのこと。かつて表参道にあったクレヨンハウスみたいな感じだろうか（今はクレヨンハウスは吉祥寺と大阪で営業している）。

たとえば1階には地産地消のエシカルな食材を使った食堂があり、その横には広島県産の無農薬野菜などが買えるマーケットがある。2階には環境負荷の低い洗剤や石鹸等の生活雑貨やフェアトレード商品を取り扱うショップが入り、そこは本屋も併設している。3階はハチドリ舎、いろんな人がワークショップで使えるスペースやレンタルキッチンがあったり、マッサージの部屋もあるといいな。あと屋上菜園なんかも……とイメージは果てしなく広がっていく。

他にも、女性議員が少ないという課題に対し何がネックになっているか考えたとき、男性中心主義だからというのももちろんあるけど、賃金が低かったり安定した職に就きづらいと言われる女性にとって、仕事を辞めて出馬するという選択はとりづらいという側面もあると思う。であるならば、出馬時に必要な供託金や再就職先などをサポートするファンドのようなものを立ち上げれば、もっと女性が立候補しやすくなるかもしれない。

あと、災害ボランティアのところでも書いたように、全都道府県に「支援P」を最低5人は配置する働きかけもしたい。ふだんは講師や他の仕事をしながら、いざ災害が起こったときは有償でボラセンを取り仕切る災害支援のプロフェッショナル。行政が予算をとって、当たり前のように彼らと協力する社会をつくるにはどこに声をかければいいのだろう？

個人的に切実な問題としては、おひとり様が齢をとったときに快適にすごせるマンションが欲しい。共有スペースがしっかりあって、個別の空間もちゃんとある。今後も続く高齢化社会にこうした問題は欠かせないが、そのモデルケースになるような住まいの構築に携わりたいという想いもある。

やりたいことはいろいろあるが、どれから手をつけるのか……それは縁もあるだろう。やっぱりわたしは出たとこ勝負、出会いやめぐり逢いに導かれ、その時その時の興味の向くまま〝何か〟に向かっていくはずだ。

いつものように、なんとはなしのガチな感じで。

先日天国に旅立たれた日本のウーマンリブ運動の元祖・田中美津さんの言葉が、最近あらためて胸に深く響いている。

「かけがえのない、大したことのない私」

それは美津さんの著書名であり、美津さんがよく口にしていた言葉だけど、ハチドリ舎の存在理由も同じ。世界でたった1人しかいない、かけがえのない自分を大切にすること。一人ひとりが立ち上がり、今の社会に隷属しない状態をつくること。別にお金と引き換えに自分の自由を束縛されたり、自分の人生を差し出さなければならない場所にとどまる必要はない。ここは「そうじゃない生き方だってできる」と感じられるサードプレイスでありたいと思う。

ウーマンリブのリブとはつまり〝解放(Liberation)〟ということだ。

わたしもこの場所があることで仲間ができ、思想が育ち、人として解放されていった。ハチドリ舎は今後も〝解放の場〟として、地味にしつこく、末永く、自分たちの理念を提唱していければいいと思う。

お店の未来に関しては、もっと店舗を増やそうとか、

世界中のいろんな場所に“解放の場”が生まれることがわたしの夢。

もっと広い場所に移りたいとか大層な野望はない。ハチドリ舎に2号店はない。ラーメン屋さんみたいな技術なら継承できるけど、残念ながらここに秘伝のタレみたいなものは存在しない。

もしもこの本を読んで「自分もやりたい」と思ったなら、その人は自分なりの場所をつくればいい。結局のところ自分が主人公にならないと世界は変わらない。わたしはハチドリ舎をつくったし、あなたはあなたなりの場所をつくる。その場と一緒にあなたのもつ芽が育っていけば、あなたと共に〝リブ＝解放〟していく人も増えるはずだ。

そう、次はあなたの番。

日本中、いや世界中のいろんな場所に、みんなが立ち上がるきっかけになる〝解放の場〟が存在する未来を、わたしは今日も夢見ている。

WHY?

11

若い人へのメッセージ①

もがいて考えつづけた先に
思想の厚みは生まれる。

いよいよこの本も大詰めだ。編集の人から「最後に若い人へのメッセージというテーマで書いてほしい」と言われたのだけど、これがなかなか難しい。

自分に何か伝えられることはあるだろうか？　確かにお店には若い人が悩みを抱えて来たりするけど、そのときどんなふうに答えを返しているだろう？

以前、ピースボート時代の友達が「これから自分はどうしたらいいかわからない」と相談に訪れたことがあった。彼は30代半ばで今の仕事がひと段落ついて、ぽっかり時間が空いたようだった。それはわたしがハチドリ舎を始める前の状況に似ていた。人は人生の必要な時期に、自分と向き合わざるをえない時間がやってくるのかもしれない。

わたしは彼と話しながら「自分が常にやってしまうこと、話してしまうことって何？」と尋ねた。彼は「隙あらば日本には在日という存在がいることを伝えてる。在日とはこういう存在なんだって」と答えた。わたしは「これから進む道って、もしかしてそれなんじゃない？」と伝えた。

どうしてもやってしまうこと、何度やめようと思ってもやめられないこと、結局いつもそれについて考えてしまうこと……もしもそういうものをもっているのなら、それにこだわったほうがいいんじゃないかと思う。それはもしかして、あなたにとってはイヤなことで、マイナスと捉えているかもしれないけど、実はその人がコンプレックスと思っていることは一番の魅力だったり長所だったりする。

自分自身を振り返っても、わたしにとってハチドリ舎は自分のウィークポイントを力に替えた好事例だと思っている。

わたしは小学校の頃からまじめな性格で、周囲に受け入れてもらえず淋しい感情を抱えたこともあった。まじめなことを口にするたび男子にも女子にも引かれて、冷ややかな視線を向けられ、笑いものにされてきた。

そういうのはイヤだ。もう外でまじめなことを話すのはやめよう。というか、戦争のこととか社会課題のこととか、そんなことを気にしてしまう感性自体を封印しよう――そう考えて一時は自分の感覚を麻痺させるように生きていた。もう気にしないようにしよう。みんなと同じところで笑い、みんなと同じような話で盛り上がろう。そういうふうに20代のはじめまでは心を殺して生きてきた。

だけど結局自分を抑えつづけることはできなかった。世界を憂うこと、不条理な状況に憤ることはやめられなかった。

どうやっても消せないのなら、これが自分だと肚をくくって、この気質を抱えて生きていくしかないんじゃないか？……今のわたしがあるのは、こうした〝自己否定↓抑圧↓葛藤↓開き直り〟という紆余曲折があるからだ。

わたしは彼に「在日問題の専門家になりなよ。これから日本全国の朝鮮学校を回って、取材したり話を聞いたりしたらいいよ」と伝えた。30代半ばまでやめられなかったことがあるなら、それはもう自分自身の本質だと思ったほうがいい。だったらそこから逃げるのではなく、それを受け入れたうえでやっていくのが最善なんじゃないだろうか。

肚をくくって自分として生きる――口で言うのは簡単だけど、それはとても難しい。自分の嫌いな部分も受け入れないといけないし、自分の道を貫くには世間一般のルートから外れる覚悟もしなければならない。

偉そうに書いているけど、わたしもこれまでジグザグした道を歩いてきた。若い頃は生意気だったし、途中で投げ出したこともある。自分を過信しすぎたこともあるし、叶えられなかった夢もある。でも今のわたしは、それらたくさんの経験の上にある。

人は「あれができた」という達成感は忘れがちだけど、「あれができなかった」「失敗した」といったネガティブな記憶はいつまでも残って、心をむしばむ。

でも実はそうした経験が、いつかあなたの糧になる。今はそう思えないかもしれないけど、そう思える日がどうせ来てしまう。わたしの経験上、過去の最悪な思い出はいつか絶対何かのタイミングでよみがえり、望むと望まざるとにかかわらず「あのときの経験があったから今のわたしがあるんだな」という結論にたどり着いてきた。

だからしんどくても今、もがいてほしい。もがくというのは生きるということだ。真剣に生きたい、もっと自分らしく生きたいと願うからこそ、人は苦しんでももがくのだ。そして考えて、「行動して、失望して、あきらめて、投げ出して、それでも考えつづけた末にこそ思想は生まれる。今がつらいのはわかるし、とても皮肉なことだけど、もがけばもがくほどあなたの人生の厚みは増していく。

すべてを鈍らせて感じないようにしたくなるあなたの気持ちもよくわかる。わたしもいまだに傷つきたくないので、感覚をシャットアウトしたくなることが頻繁にある。

でもそうやって心が動いてしまうことが、すでにあなた自身なのだ。心の動きは自分のチカラでは決められない。それを見て何を感じるか。テレビのニュースを見て何も感じない人もいれば、日本以外の情報に興味がない人もいる。その一方で世界の紛争を見て自分事として胸を痛める人もいる。その感性や感度こそあなた自身であり、それを追求していくことがあなたの人としての厚みになって、あなたの語る哲学の説得力へと昇華される。

だから自分の思想をもってほしい。

これは若い人だけでなく全員に言ってることだが、あなたはいったい誰なのか、あなたは何を大切にあなただけの人生を生きていくのか——どうかそれを見つけてほしいと思う。

どうしてもやめられないことに肚をくくる。
わたしはガザ虐殺に抗議を示す。

WHY?

12

若い人へのメッセージ②

あなたは大切な人間だよ。そんなに不安にならなくても大丈夫。

前章の原稿を書いた後、ふと「10代の自分を知っている人は、今のわたしを見てどう思うんだろう?」と思った。いじめを経験し、ビジュアル系に逃避し、なるべく素の自分を出さないよう抑え込んでいた思春期。一時は地元・茨城でOLをやっていたのに、あれから20年以上経った今は広島で社会問題を解決するカフェなんてやっている。

そう思ったらどうしても確かめたくなって、小学校の頃からの友達に電話して聞いてみた。わたしが今、ハチドリ舎をやってることって驚きかな?

彼女いわく、ぜんぜん意外じゃないよ、と。

わたしは当時からまじめで、正義感が強くて、一人で突っ走るタイプだったらしい。授業のバスケでも手を抜けないし、テレビのニュースを見ては泣く。基本は〝まわりに迎合できない女〟で〝曲がったことが大嫌い〟。それは今も変わってないし、想像よりも突き進んだ感じだけど、だけど今は周囲に理解者がいるから自分でいい環境をつかんだんだなって思う——。

なんだ、ぜんぜん変わってないじゃないか。

自分では抑えたり隠したりしてきたつもりだったけど、頭隠して尻隠さず、親友の前では本性がモロバレだったみたいだ。ていうか人の本性というのは、本人は隠し通せているつもりでも、まわりから見たら一目瞭然、丸裸のようなものかもしれない。隠せた気になっているのは本人だけで、結局どうやったって漏れ出してしまうものかもしれない。

もしもあの頃の自分に何か伝えられるなら、わたしは何を言うだろう？

何よりも一番に伝えたいのは「あなたは大切な人間だよ」ということだ。そんなに不安にならなくても大丈夫。学校ではいじめられるし、まわりには理解者はいないし、今は大丈夫と思えないだろうけど、生きているということだけで尊いんだよ、と。

また、日本国民は誰しも生存権というものをもっていて、憲法25条1項で「すべて国民は、健康で文化的な最低限度の生活を営む権利を有する」と規定されている。そこには「正社員じゃなきゃいけない」「結婚しないと女性失格」「まわりと同じ道を歩かなきゃダメ」など〝こうじゃなきゃいけない〟条件など一つもない。自分で決めつけて自分を縛る必要なんてないし、そこから外れたって人生が終わるわけじゃない――。

昔の自分に伝えたいことを考えていたら、それはそのまま今の若い人たちに伝えたいことと重なってきた。


この本の最後に載せるのは、わたしが19歳のときに書いた作文だ。

この本を書くために昔のノートを開いたら、当時好きだったビジュアル系バンド・FANATIC◇CRISISのボーカル・石月努さんに書いたファンレターの下書きが出てきた。いま読むとめちゃくちゃ恥ずかしいし、それを本に載せるなんて生き恥を刻印するようなものだけど、結局今につながるわたしの本性はここに全部表れているように思う。小学校の友達が指摘してくれたように、わたしはあの頃から何も変わっていないのだ。19歳のときにこういうことを思っていた人間が、いまハチドリ舎というソーシャルブックカフェを営み、世界平和と社会課題についてまじめに考えている——その事実が、これから何かを始めたいと思う誰かの勇気になることを願っている。

マジでわたしが10代の頃に書き殴った生原稿のノーカット。

こんなわたしでもできたんだから、みんなもきっと大丈夫！

私の同年代、今の人たちは、クールでいる事を美徳としているというか、なんだかつまらない人ばかりで、何か事を起こそうとしてもめんどくさがって「はー?」って言ってる人ばかりで、先のことなんて考えてないで、今が良ければいいってそういう毎日を過ごしているような気がします。私は先が不安で苦しくて普通に生きて普通に死ぬっていうのがどーしても嫌で。普通というのは適当に働いて、土、日は遊んで、そのうち結婚して妻として何十年を生きて、っていうコトで。見方を変えれば幸せかもしれないけど何も自分の可能性を確かめずに流されて、ただ生きるっていうのはだめですよね。私はだめなんです。

だめなのに、私の夢は遠くて、でも、そのために今お金をためていて、だから今は普通に働いていて、でも時々ふと不安になって、このままずっとこのままだったらどうしよう……私は何だろうって考えてしまうんです。夢への熱が冷めそうになってしまって怖いんです。

そんなとき「ONE」きいちゃったもんだから涙がバァーって流れちゃって止まらなくて。私の意味。私はこの世に一人しかいないんだ。不安なのは自分に自信がないから。自分を信じてないから。もー、すごい根本的なことを忘れていました。

努さんは、他の人とは違うんです、私の中で。今時と言われてるつまらなそうな人じゃない。いつも考えまくってる人。生きてる意味とか探してる人。人間を理解したい人。頭がいーとかじゃなくて、気持ちが濃いなぁって思います。強いなって思う。自分を怖がらないで進んでいるなぁって。私の理想です。私もそうなりたい。臆びょうな自分は嫌いなくせに一歩ふみだせない。背中押してもらえないと進めない所があるんです。

でも努さんが私の意味を歌ってくれるから（私だけじゃないけど・笑）頑張れる気がします。同じ毎日の繰りかえしでつかれても、それが私の未来のためならって、それを活力にしないと。未来の私にありがとうって言われる私でいたいから。

きっかけをくれてありがとうございます。

明日からまた同じ繰りかえしだけど、少し違う繰りかえしにするんだ。

小さな一歩でも進んでるんだもんね。少しだけでも進んでるから、同じじゃないんだ。

10代のわたしは大人になったわたしを見て、
何と言うだろう？

あとがき

とにかく筆が遅くて〝やる気〟が降りてこないとまったく書けない。本を一冊書くなんていったい何年かかるか……というわたしが本を出すことができたのは、ライターの清水浩司さんのおかげです。

地平社の熊谷伸一郎さんから「本を出しませんか？」というお話をいただいたとき、実はその前に清水さんから「ハチドリ舎の本をつくりませんか？」「出版社も決まってないけど、ひとまずインタビューを始めてみましょう」と、お声がけいただいていたのです。そのことを熊谷さんに伝え、本書はわたしが話して清水さんに文章化してもらう〝聞き書き〟という形で制作しました。大枠の構成を考えてくれたのも清水さん。

わたしが驚いたのは、実家に帰った際、「本づくりの役に立つかな〜」と思って持ってきたファンレターの下書きがいちばん最後に掲載されたこと。それも全文（ほんとに恥ずかしい……）。

でもこの構成になって最後の章を読んでみると、自分のことながらジーンときて涙が浮かんでしまいました。

何者かになりたがっていたわたしがいま〝何者でもないかけがえのない自分〟でいるという事実。結果的にこの本のクライマックスは、45歳の安彦恵里香が19歳の安彦恵里香と共著することになりました。

「未来のわたしにありがとうって言われるわたしでいたい」と言っていた過去のわたしに、未来のわたしからありがとうと言いたいです。

イラストとデザインを担当してくれた田中健一くんは本書にも出てくる「投票所はあっち↓プロジェクト」のデザインも担当しています。大学の卒業制作としてつくった「JAPAN - The Strange Country」という映像作品のことは知り合う前から知っていて、すごい！ と思っていました。

健一くんは「社会や人のためにデザインで何ができるか？」を試みつづけている友人で、災害ボランティアの現場に入ってくれたこともありました。人気デザイナーで、とーっても忙しいのを知りながら、ハチドリ舎とわたしの想いを知ってくれている健一くんにぜひお願いしたい！ と連絡したところ引き受けてくれました。イラストは何度も最適なタッチを探して、とことん時間と手間をかけてくれました。本当に感謝しています。

本の出版を手がけてくれた熊谷さんとは、19年前のピースボートで出会いました。当時

27歳の熊谷さんは雑誌『自然と人間』、季刊『中帰連』の編集長で、日本軍の元兵士への戦場体験聞き取りをライフワークとしていました。船内新聞の担当だったわたしは、熊谷さんに新聞局員向け文章講座をしてもらい、船内にいる戦争体験者に話を聞き、証言集にまとめて発行しました。

奇遇にも熊谷さんは今春、「地平社」という新たな出版社を立ち上げたばかり。その初年度のラインナップにこの本を加えていただけたことをあらためてうれしく思います。

さらにハチドリ舎で一緒に企画をつくっているみんな、参加者や常連のみなさん、ハチドリ舎を応援してくださっているみなさん、わたしのこれまでに影響を与えてくれたみなさん、ありがとうございます。

最後に、ハチドリ舎が運営できているのは、企画をまとめてくれて、わたしの「あの、アレがさー、えっと、アレしかできてないんよ、まだ……」と、話しはじめのまだ何も言葉になってない〝アレ〟がノーヒントでわかっちゃうスタッフのせとまゆのおかげです。せとまゆ、ありがとう。

そしてお父さん、お母さん、わたしをこの世に産み落としてくれてありがとう！　けっこうほっとかれたけど、いい感じに育ってます（笑）。わたしが好き勝手に生きて、幸せでいることが二人にとっての幸せだと思うので、これからも自分も人も大切にしながら生きていくね。

●

自分の人生をあらためて振り返ると、「とにかく不条理は許せない」という想いでこれまで生きてきました。

多くの人と「命がいちばん大切だ」という当たり前の事実を共有したいと思ったとき、熊谷さんが言われた「出版は言論を守る」という言葉が胸に響きました。

この本がその一つの力になるといいなと思いますし、わたしはこれからもカフェという場所で言論を守りつづけたいと思います。

最後に、この本を手にとってくださったあなたにも感謝をしています。

もしもこの本を読んで何か行動したいと思ったなら、あなたの街にソーシャルブックカフェをつくってもらえたら、うれしいです。

2024年10月

安彦恵里香

安彦恵里香（あびこ・えりか）

1978年生まれ。建築不動産の仕事を経て、23歳で国際NGOピースボートの船旅に参加、スタッフとなり、環境、非核化などの社会問題解決に取り組むように。2011年、核兵器について考えるアートブック『NOW！』を制作・発刊。2017年7月、「社会とつながること」がテーマの「Social Book Cafe ハチドリ舎」をオープン。Project NOW！代表、Code for Hiroshima 共同代表、カクワカ広島発起人、ジェンダーを考えるひろしま県民有志発起人。

Social Book Cafe ハチドリ舎　https://hachidorisha.com/

〒730−0854　広島市中区土橋 2−43−201　Tel. 082−576−4368

月・火：定休日／水・木・金：15:00−18:30／土・日・祝：11:00−18:30（ランチあり）
6のつく日は曜日に関わらず11:00から営業。月火が祝日か6のつく日でOPENした際は、水が代休。夜は基本的にイベント開催。

編集・執筆協力　清水浩司　カバー・表紙デザイン　田中健一
本文デザイン　Boogie Design　イラスト　田中健一

ハチドリ舎のつくりかた………ソーシャルブックカフェのある街へ

2024年11月22日──初版第1刷発行

著者……………………安彦恵里香（あびこえりか）

発行者………………熊谷伸一郎

発行所………………地平社
〒101−0051
東京都千代田区神田神保町1丁目32番 白石ビル2階
電話：03−6260−5480（代）
FAX：03−6260−5482
www.chiheisha.co.jp

印刷製本……………中央精版印刷

ISBN978-4-911256-14-5 C0036

地平社　乱丁・落丁本はお取りかえします。

アーティフ・アブー・サイフ著　中野真紀子 訳

ガザ日記

ジェノサイドの記録

四六判四一六頁／本体二八〇〇円

川崎哲・青井未帆 編著

戦争ではなく平和の準備を

四六判二五六頁／本体一八〇〇円

まっとうな気候政策へ

西岡秀三・藤村コノヱ・明日香壽川・桃井貴子 編著

四六判二四〇頁／本体一八〇〇円

杉並は止まらない

岸本聡子 著

四六判二二四頁／本体一六〇〇円

価格税別

地平社